中研国际

零售业智慧产品供应商

百战归来再读书！

中国零售业提升业绩必选培训教材

淡季营销

Off-Season Marketing

主编 祝文欣　副主编 戴 虹　代 卉
编著 付 菁

中国发展出版社

图书在版编目（CIP）数据

淡季营销／付菁编著. —北京：中国发展出版社，2008.1（2008.9 重印）
（中研零售商学院“人、店、货”系列丛书）
ISBN 978 - 7 - 80234 - 108 - 1

Ⅰ. 淡… Ⅱ. 付… Ⅲ. 零售商业 - 市场营销学 Ⅳ. F713.32

中国版本图书馆 CIP 数据核字（2007）第 175760 号

书　　名：淡季营销
著作责任者：付　菁
出 版 发 行：中国发展出版社
（北京市西城区百万庄大街 16 号 8 层　100037）
标 准 书 号：ISBN 978 - 7 - 80234 - 108 - 1/F · 685
经　销　者：各地新华书店
印　刷　者：中国纺织出版社印刷厂
开　　本：700 × 980mm　1/16
印　　张：12.75
字　　数：151 千字
版　　次：2008 年 1 月第 1 版
印　　次：2008 年 9 月第 2 次印刷
印　　数：6001—10000 册
定　　价：26.00 元

咨 询 电 话：（010）68990625　68990692
购 书 热 线：（010）68990682　68990686
网　　址：http://www.develpress.com.cn
电 子 邮 件：drcpub@126.com

知识改变命运，学习成就未来

这是一个什么样的时代？

对于这个问题，众说纷纭。无疑，这是一个风云激荡的时代，也是一个机会频生、奇迹迭出的时代，更是一个人人都渴望成功而且有很多机遇成功的时代。

统观零售行业也是同样道理。人人都渴望成功，但是，透过时代的滤镜，纵使是成功者，不成熟者也不乏其人：或为语言上的巨人，实为实践上的矮子；或为财富上的富翁，却是精神上的乞儿；或在偶然中一跃龙门，却在零售业激烈的市场竞争中销声匿迹……

我们生存的时代可以称之为“五化”时代，即知识资本化、创新加速化、教育终身化、经济全球化、竞争白热化，要在这样一个时代中生存，学习是唯一的途径。唯有知识才能改变命运，只有学习才能成就未来。

首先，时代逼迫你学习。当今零售业市场，唯一不变的就是“变”，一是变化快，一日千里；二是变化多，千变万化。一个零售人员必须了解时代、把握时代，只有真正把握了时代的脉搏，才能不被时代所抛弃。诚如诸葛亮所吟唱的那样：“大梦谁先觉？平生我自知”！在21世纪，不学习的人，是废人；不充电的脑袋，是石头；不学习的组织，是坟墓！

其次，竞争逼迫你学习。虽然，自20世纪90年代以来，零售业已经是中国经济改革中变化最快且最具活力的行业之一，但进入21世纪后，我国零售业面临的是加入WTO后的巨大挑战。自2005年我国零售业全面对外开放，接踵而至的是沃尔玛、家乐福等世界一流零售企业的近距离竞争，中国零售业要突围、要崛起、要强大必定要经历一场求新求变、脱胎换骨的转变。

最后，发展逼迫你学习。目前，数以万计的企业开始创建学习型企业，有自己的培训中心，千方百计地让自己的员工多学习、多充电，实现人才升值。美国IBM公司在本土每年花费1亿美元用于进行130万人次的继续教育；福特汽车公司每年要开设2000项有关人才培训内容。安于现状、不思进取的结果只能是不断贬值、被淘汰出局。无疑，不论对企业，还是对个人而言，不断学习是与时俱进、不断超越的唯一途径。

对于零售业从业人员来说，成功的标志究竟是什么？成功有无必然性？成功的必然之路在哪里？作为店长如何制订自己的职业规划，从而成为明日的富翁？作为督导如何做好自己的人生设计，从而步步为营，改变自己的命运？谁是卖场的上帝？顾客！如何抓住上帝的心理，使销售无往不利？如何成为一个优秀的教练式管理者？如何利用晨会达成一天的销售目标？店铺如何选址，如何规划，如何布局？“旺季取利，淡季取势”，面对销售旺季如何未雨绸缪，决胜旺季？面对市场淡季，如何拉动市场，火烧淡季……

针对上述种种问题，中研国际品牌管理咨询机构精心策划了专注于零售终端的中研零售商学院“人、店、货”系列丛书。本系列丛书围绕人员、店铺、货品，这零售终端的三大关键问题，分别阐述如何全面把握、有效利用这三大要素，不断提高终端销售业绩，力图给正在零售之路上探索、拼搏的零售业大军以强有力的支持与引导。

知识改变命运，学习成就未来。成功的实质，并不是战胜别人，而在于战胜自己。你不可能也不可以去阻止别人的进步，你唯一能够改变的就是自己。而改变自己的唯一道路就是学习！零售业的朋友们，当你明白了这一点，还犹豫什么呢？赶快阅读本系列书籍，让我们一起学习，一起进步吧！

祝文欣

2007年12月

前言

QIANYAN

进入淡季，商家不免会有一种失落感。销售旺季那种不停地订货、调货、卖货的景象没有了，取而代之的是“门庭冷落车马稀”。在这种情况下，企业如果能使自己的产品推陈出新，则不仅可以在淡季中提高企业的销售业绩和产品的知名度，还可以为即将到来的销售旺季打下坚实的基础，从而在未来的竞争中抢占先机。

怎样才能让销售淡季变得旺一些呢？怎样才能给旺季的销售打下一个良好的基础呢？为此，我们必须洞悉市场淡季需求，抓住需求，努力提高销售业绩，彻底改变传统的淡季营销思想。

淡季营销的提法起源于一些特别受季节、气候等因素影响的产品（如酒、饮料、服装、空调）行业，而随着国内市场经济的发展，营销管理由粗犷型向细致型的转变，淡季营销的范围也扩大了许多。销售压力、现金流的良性运转等诸多因素都要求企业要采取主动手段应对营销时段中因战略考虑、产品调整、市场变化等引发的销售淡季，规避淡季销售困扰，利用淡季市场空隙进行因时制宜的营销管理。

在市场淡季，若营销方法不对头，再努力，也会无济于

事。于是，大多数企业到了销售淡季，或放假休整，或营销培训，或搞新品上市调查，如此等等。而事实上，我们只要深入透彻地分析影响销售的具体原因，再加上创新，就能在淡季实现旺销。这里，本书在分析国内零售行业淡季市场状况的基础上，通过对部分优秀企业的考察，总结出破解零售业销售淡季的一些实战方法和淡季经营管理方法，希望对读者有所帮助。

首先，我们要明白淡季营销要做什么。企业在销售淡季，应充分利用淡季市场的空间与时间调整销售的产品、广告宣传，加强销售管理、品牌形象的建设和维护、旺季销售准备、新产品试销等工作。其次，我们要清楚淡季营销的目标是什么。淡季营销并非以达成淡季的销售超过旺季为目标，也并非以提高销售为唯一目标。所有的营销工作都必须尊重市场经济下消费者需求的变化，这样才能把握淡季市场脉搏，取得良好的市场回报，获得最大程度的收益。从成本收益角度考虑，淡季营销的目的是为了在销售淡季取得成本与收益的平衡。从市场竞争的角度，淡季营销是为了保持一定的市场占有率。归根结底，从根本上来讲，淡季营销就是为了保证企业在变化的市场中始终处于良性的正常运转状态。

对企业来说，只会有相对的市场淡季而不存在绝对的市场淡季，关键是我们用何种心态去看待，因为“没有淡季的市场，只有淡季的思想”。企业要想在销售淡季提升销售业绩，必须改变经营观念，树立“销售无淡季”的思想。面对如季节般轮换的淡旺季交替，只有以积极的心态引导消费，方能走出销售淡季，提升销售业绩。

淡季营销

DAN JI
YING XIAO

目录

了解淡季营销

淡季营销管理

了解淡季营销

第一章 淡季营销的基本概念

DANJI YINGXIAO DE JIBEN GAINIAN

第一节　了解淡季营销

目标消费群体由于受消费习惯影响随季节变化会产生需求的变化。产品由受到季节变化、消费周期、时间分配的影响，常常会集中在某一时段出现销售的明显下降或基本处于停滞状态，企业一般就将这个时间段称为产品的淡季。但值得注意的是，由此类原因造成的淡季只是销售终端需求量的减弱，而不代表产品本身存在问题。在以季节划分的淡旺季里，每个行业、每个产品都

有短则 3 个月，长则半年甚至 3 个季度的淡季。

很多产品都有所谓的淡旺季之分，例如饮料、食品、空调、服装等。每年的 10 月末到次年的 3 月初，饮料市场进入了消费淡季，产品销售停滞、现金流量骤减、经销商态度消极等情况会出现。每年的农历八月十五前后，月饼的销售异常火爆，而一旦中秋节过去，月饼便无人过问。服装也是如此，冬装、夏装的界限十分分明。淡季营销的提法也起源于几类特别受季节、气候等因素影响的产品行业。

图 1　羽绒服在淡季进行促销

多数企业在旺季会剑拔弩张、拼死相争，到了淡季就悄无声息，因为很多人认为市场的销量锐减，即使投入大量人力，对于提高销量也是无济于事，甚至是徒劳，而且是非常不经济的，于是有的企业会解聘大量临时人员。因此，在淡季大多数企业选择了等待，缩减成本，盼望着下一个旺季的到来。这样做的不利影响是显而易见的。如果企业在淡季无所作为，认为淡季就应该很淡，就会陷入营销的误区，出现“淡季更淡”的局面，但是如果企业能够洞察淡季的需求，进而在萧条的局面中提升业绩，则不仅可以提升产品的知名度，还可为即将到来的旺季打下良好的基础，在未来的竞争中抢占先机。就在大家偃旗息鼓时，寂静的市场中突然一声枪响，不知会吸引多少的眼球呢！也许，从此在消费者脑海中树立了深刻的品牌印象。淡季营销认为企业应该彻底转变淡季意识，树立“淡季不淡”的全新理念，应该相信“市”在人为，只要转变观念，采取积极措施，淡季是完全可以避免的，甚至可以比所谓的旺季销售更好。

下面，我们来了解一下淡季营销。

淡季营销为什么

在销售淡季，许多企业会依据行业经验固执地认为在某个季节或时段，产品销售量必然会是下降的，在这个阶段进行投入或者开展工作会得不偿失，并以此理由暂缓或停止营销活动，被动地等待市场旺季的到来。然而，随着市场竞争加剧，大多数产品的供大于需，企业以往依靠旺季销售就可以维持正常运营的情况已经发生变化了。

对于一些小型企业或者需要资金快速周转的行业，销售淡季会给企业的运营带来很大的压力。淡季期间，企业除了需要压缩各项费用外，仍然需要支出正常的固定成本和原材料采购费，而销售淡季的收益又不足以维持这些支出，现金流和库存周转都会

出现问题。所以对这些企业，淡季营销则更为重要。它们需要在淡季采取措施，提高销售额，以缓解全年的压力。

即使是较大的企业，虽然可以依赖多元化的产品调整销售重点，或者依靠充裕的资金维持运营，但如果淡季的时间比较长，营销活动的减少会削弱以往企业品牌在消费者心中的印象，产品甚至会被遗忘。

淡季期间的停顿也会使企业松懈或者失去对市场的感觉和方向。一旦旺季营销活动开始，销售中“旺季不旺”的情形更加会挫伤企业的动力和自信心。

淡季营销做什么

企业在销售淡季，应充分利用淡季的市场空间和时间进行调整销售的产品、调整广告宣传、加强销售管理、品牌形象的建设和维护、旺季销售准备、新产品试销等工作。

1. 根据淡季需求调整销售的产品。根据不同季节或时段、消费者的不同需求调整产品，可以改善淡季销售状况。比如，夏季消费者一般比较喜欢冷色的产品，而在冬季则会比较喜欢暖色的。服饰、家庭装饰品这类行业都会有这样的情况，所以企业就要注意，要在不同季节调整自己产品的色调以适应消费者的需求变化。

此外，还可以通过扩大产品的销售范围来弥补淡季销售。雀巢公司原来在中国市场只出售咖啡饮料，咖啡饮料在夏季的销售是淡季。而现在，雀巢公司也开始销售瓶装水，从而增大了夏季的饮料销售。

寻找淡季中的销售旺点也是一个很重要的策略。比如对整个冬季的饮料销售来说，节日（圣诞、元旦、春节）期间又会是淡季中的旺季。通过在节日期间的积极销售，一样可以达成淡季不淡的销售目标。

2. 调整广告宣传。以啤酒行业为例：在夏季，啤酒广告的宣传多以清凉、解暑为直接诉求，吸引消费者的注意。而在淡季，则着重宣传产品的品质、品牌形象。

3. 利用淡季时间加强销售管理。在销售淡季，企业可以充分利用这段时间做销售旺季顾不上的事。比如，调整销售渠道、调整销售人员构架、加强销售人员培训等销售管理工作。而且，在销售淡季的调整不会对企业造成太大的负面影响。

4. 品牌形象的持续建设和维护。在销售的淡季，也不能松懈对品牌形象进行持续的建设和维护工作，否则消费者就会淡忘品牌形象，品牌的知名度也会下降。理性的消费者需要时间考虑，冲动的消费者则需要购买的诱因。所以，可口可乐和百威啤酒的营销活动一年都没有间断。而且在销售淡季其他同行企业投入的广告较少，这时的广告宣传效果也相对较好。

有些产品的销售在淡季是很难硬性提高的，这时的营销活动应该以提高品牌知名度、美誉度为主。如举办与品牌、产品相联系的公益活动等，往往会取得良好的效果。

需要指出的是，在销售淡季，试图依靠低价促销提高销售会损害品牌形象。这样下去，当销售旺季来临时，降低的价格将很难提高。因为消费者对此品牌的价格水平有了一定的印象，也知道这个品牌在淡季会促销，于是会有一部分消费者选择等待。

5. 旺季销售准备及新产品试销。在销售旺季来临之前，企业应在淡季期间消化产品库存并依据现有不同渠道的特点进行旺季销售的生产备货。对库存中的下线产品、长期滞销产品，可采取

市场促销。这样一方面可以精减库存，另一方面可以在淡季保持不间断的市场影响。

企业在大规模推出新产品之前，对一些不需要技术保密的产品可以在淡季进行试销，然后再根据淡季试销的销售情况，决定新产品的市场投放。

区分不同的淡季

说到淡季营销，以前我们考虑的总是在年度营销策略中如何制定特别措施，在传统的销售淡季采取如市场促销等营销手段达到销售“淡季不淡”的目的。其实，如果从企业长期战略考虑，有些时段的销售淡季属于战略规划范围。比如当一家连锁零售企业在进入一个新的区域市场时，由于考虑到进入的成本及布点需要花费的时间，在还没有构建好销售渠道、产生连锁规模效益之前，区域市场运营初期的销售并不理想。此时，营销工作的重点应是区域市场布局而并非销售促进。

还有一种销售淡季的出现则是由于企业的产品战略规划出现了问题。如某些工业设计产品（电子产品、汽车产品等）由于企业的产品生产没有跟上行业标准的变化，或者是产品升级换代的市场衔接没有做好，使得企业原有产品的销售额锐减而新产品尚未开发出来，或者升级产品仍处于市场培育期，这也会使企业的销售处于淡季。

淡季营销的核心思想

“旺季取利，淡季取势”，这应该是淡季营销的核心思想。“取利”，就是要争取最大销量；“取势”，则是获取制高点，争取长期的战略优势。石处于山底，大而无力；置于山顶，则小而有势。

销量是一个期间指标，即某个期间内的销量，而这个期间是小于一年，甚至只有一两个月。所以，淡季之淡，仅是就短期利益而言，对于企业的长期利益来说是没有淡旺之分的。对企业来说，淡季营销重在取势。这个“势”就是对企业长期有价值的东西，口碑建立、品牌营造、战略价值等，这些都是企业的“势”，是对企业市场地位的巩固起作用的因素。

淡季营销的目标

淡季营销的目标并非是一定要达成淡季的销售要超过旺季，淡季营销也并非以销售提高为唯一目标。所有的营销工作都必须尊重市场经济下消费者需求的变化，这样才能把握淡季市场脉搏，取得良好的市场回报。

从成本收益角度考虑，淡季营销的目的是为了在销售淡季取得成本与收益的平衡。从市场竞争的角度说，淡季营销是为了保持一定的市场占有率。而从根本上看，淡季营销是为了企业在变化的市场中始终处于良性的正常运转。

未来的市场经济将是在不同经济区域环境下，同时面对复杂而细分的消费者需求的经济。对企业来说，只会有相对的而不存在绝对的市场淡季。而随着企业的市场营销细致化，把握市场变化的能力逐渐提高，相信会有越来越多的企业不再迷惑于淡季该怎样营销。

第二节　淡季营销的常见现象

一到淡季，很多企业没有意识到这是一个抢占市场份额的有利时机，而是被动、消极地等待旺季的到来。我们身边就有很多这样的例子，现在我们来了解一下一些淡季销售中常见的现象。

图2　淡季，商家纷纷大减价

被动地等待市场旺季的到来

在销售淡季，许多企业的营销部门会依据行业经验固执地认为在某个季节或时段，销售量必然会是下降的，从而被动地等待市场旺季的到来。

殊不知，“只有疲软的产品，没有疲软的市场”，这时的放松，其实是在放弃自己的市场份额，给竞争对手以乘虚而入的机会。而且，市场瞬息万变，谁也不可能依据经验准确地推断市场的需求和发展趋势。所以淡季中，不应该坐以待毙，而是要积极主动地去适应市场，即使不能获取最大的销量，也要争取长期的市场优势。

暂缓或停止营销活动

企业认为在淡季投入或者开展工作会得不偿失，因而暂缓或停止一些营销活动。

不知从什么时候开始很多企业本着“投入和产出成正比”的原则，认为在淡季开展营销活动得不偿失，因为起不到立竿见影的功效，所以在淡季大幅压缩费用。结果使淡季更淡，里里外外来了个凉透心，等第二年旺季来再做市场时，发现大家都在同一时间同一战场用兵，都投入不少，但大多都相互抵消掉了，投入产出比一样很低。这是目光短浅的表现，其实淡季品牌宣传是非常重要的工作。首先，这时候媒介较为清静、不嘈杂；其次，此时对手一般没有广告计划投入；更重要的是，淡季时消费者其实更关心品牌。在旺季，大家的广告投入都比较大，所以竞争也大，难以出彩。淡季就不同了，由于整体销量下降，一些小品牌会大幅减少销量，甚至退出市场。这对优势品牌是一个发展市场、提升品牌地位的好时机。当然，这就要求我们的市场人员要有更强的广告操作手段。

因此，淡季将有限的资金投资在能够刺激消费者的营销活动

上是比较明智的营销方法，这样可以引起消费者的关注、回味，如果能达到目的，那样淡季不淡的目标也就基本实现了。

不过，我们还应该注意到，淡季毕竟是淡季，淡季的营销勿过分依赖于单纯的降价打折。为了减轻库存压力、增加现金流而进行的大幅度打折，会破坏企业的品牌形象，影响后续的销售。替代性的策略是，可以考虑提高产品的附加值和增加一些服务，这样在增加短期销量的同时，不会对已经购买了产品的消费者造成太大的负面影响。

正是因为淡季市场上普遍存在的这些现象，我们才有必要了解在淡季企业应该如何做好营销工作，而不是被动等待旺季。这也是本书向大家介绍淡季营销的目的。

第三节　淡季营销不等于促销

视营销为促销，本身就是对这两个概念含混不清，甚至可以说是对营销概念的认识局限所致。提到淡季营销，很多人的想法就是如何在淡季把产品卖出去。事实真是如此吗？营销就是搞活动，以打折、促销等方式低价把产品卖出去吗？当然不是。在淡季时我们更应该思考的是如何把全年的销售做大，而不仅仅是在淡季把产品卖出去。同时仅仅考虑淡季问题很可能会掉进思维的陷阱。如果光想如何把顾客招来，那只能陷入“打折”、“优惠”的误区里。要做好淡季营销，我们首先需要了解一下营销和促销这两个概念。

营销的定义

要讨论淡季营销，首先应该清楚营销到底是什么？下面用简单的三句话概括营销的定义：营销是一种双向的行为改变；营销是分前台和后台的；营销要明白消费者。

首先，营销一定是企业想改变消费者平时的消费习惯。只有这样，产品才有销售的机会。每个人都有稳定的消费习惯，改变原来消费习惯的行为就是消费转移。原来消费很少的量，现在消费很多的量，这个是消费频率的改变。如果一个营销促使消费者产生了上述两种之一的改变，那就获得了商业机会。消费者的内在需求发生改变的时机，企业如果抓住了这种需求的改变，才可能改变消费者的行为。所以企业首先要了解消费者内在需求的改变，然后根据这种改变把产品打造成消费者想要的样子，然后就能改变消费者。所以说这是个双向改变的游戏：企业要想改变消费者，就要明白先改变自己，然后才能改变消费者。这是营销的基本规则。企业的机会来源于改变消费者的行为，而企业要改变消费者的行为来源于改变你自己的行为。

其次，营销是分前台和后台的。这和演戏一样，导演是后台的，模特是前台的。拍电影不看导演水平如何，单看票房的收入有多高。市场上，看的是消费者是不是喜欢企业的产品。常言说"内行看门道，外行看热闹"，问题是看热闹的决定了什么产品受欢迎。所以，在营销中了解消费者的视角很重要。企业的研发和后台的设计都是基础，很重要，但不卖钱，产品要卖得好就取决于企业是不是很好地把握住了消费者的心态。

第三，消费者看热闹是有模式的。营销要明白消费者，消费

者都是先看热闹的，企业就要想办法吸引消费者的注意力。有了兴趣以后，消费者心里就要盘算一下，盘算购买的理由。给消费者购买产品的理由不要多，一个就够了。最后，让消费者有得到尊重的感觉。如果从这三个层次来满足消费者的需求，就是一个成功的营销了。

美国市场营销协会（AMA）于 1985 年对市场营销下了完整和全面的定义：市场营销是对思想、产品及劳务进行设计、定价、促销及分销的计划和实施的过程，从而产生满足个人和组织目标的交换。

这一概念还表明：

1. 市场营销是一种企业活动，是企业有目的、有意识的行为。

2. 满足和引导消费者的需求是市场营销活动的出发点和中心。企业必须以消费者为中心，面对不断变化的环境，作出正确的反应，以适应消费者不断变化的需求。满足消费者的需求不仅包括现在的需求，还包括未来潜在的需求。现在的需求表现为对已有产品的购买倾向，潜在需求则表现为对尚未问世产品的某种功能的愿望。例如，第二次世界大战后，IBM 公司的总裁曾向一家非常有名的咨询公司打听未来美国所有公司、研究所及政府单位对电子计算机的需求量，得到的回答是不到 10 台。后来他的儿子做了总裁，不同意这个预测，坚持要生产电子计算机，这才有了 IBM 公司的今天。这个例子表明，尽管人们有减轻办公室劳动强度，提高工作效率的愿望，但由于不知道计算机是什么样，也不知道如何使用计算机，因此，调查时没有表现出对计算机的需要。人们的潜在需求常表现为一种意识或愿望，企业应通过开发产品并运用各种营销手段，刺激和引导消费者产生新的需求。

3. 分析环境，选择目标市场，确定和开发产品，将产品定价、分销、促销和服务进行最佳组合，是市场营销活动的主要内容。营销组合中有四个可以人为控制的基本变数，即产品、价格、（销售）地点和促销方法。由于这四个变数的英文均以字母“P”开头，所以又叫“4Ps”。企业市场营销活动所要做的就是密切注视不可控制的外部环境的变化，恰当地组合“4Ps”，千方百计使企业可控制的变数（4Ps）与外部环境中不可控制的变数相适应，这也是企业经营管理能否成功、企业能否生存和发展的关键。

4. 实现企业目标是市场营销活动的目的。不同的企业有不同的经营环境，不同的企业也会处在不同的发展时期，不同的产品所处生命周期里的阶段亦不同，因此，企业的目标是多种多样的，利润、产值、产量、销售额、市场份额、生产增长率、社会责任等均可能成为企业的目标，但无论是什么样的目标，都必须通过有效的市场营销活动完成交换，与顾客达成交易方能实现。

促销的定义

现在，各类促销方式层出不穷，只要我们一踏进某个销售点，特别是超市，就能发现许多商品，它们的包装、陈列、价格，都成为促销技巧的一部分。同样，从我们的信箱内、某些报纸中，我们也可以找到一些促销赠品，比如折扣券、试用品……

“促销”一词意为“使运动”。这也正是不同时代之下的促销宗旨：推动产品，利用销售。随着20世纪末出现的大型百货商店的发展，我们在法国看到了最初的促销活动。在美国，促销已有50多年的历史。在法国，一直到20世纪60年代才出现了最初的

定义，且变化不定。但促销的迅速发展使各企业将之确认为一种特殊的销售技巧。

终端促销可以定义为：商家通过信息传播和说服活动，与个人、组织或群体沟通，以直接或间接地促使他们接受某种产品。

1. 促销活动的要素是信息说服与沟通，所以促销是一种说服性的沟通活动。

2. 促销的本质是沟通、赢得信任、激发需求、促进购买与消费。

3. 促销的作用：传递、信息提供情报；增加需求、说服购买；突出特点、树立形象；造成“偏爱”、稳定销售；抢占对手市场份额、扩大销售量。

营销不等于促销

可以看出，营销不等于促销，促销其实只是营销的一个方面。所以我们来了解淡季营销并不单单是讨论在淡季以什么方式来搞促销活动、清理库存，淡季营销更关注的是如何在淡季把握消费者需求，从而引导需求，抢减量增销量，抢占市场先机，最大限度地提高品牌的市场占有率和知名度，并为旺季的销售做好市场基础工作，即淡季要“取势”。

所以希望大家要更准确地认识淡季营销，不再把淡季的营销活动仅仅局限于促销。我觉得对这两个概念的混淆也是造成很多企业和销售人员不知道淡季应该做什么的根本原因。淡季中我们不光是要打折、清库存，更重要的是要加强企业的管理，实现长期销售额的最大化。

市场消费能力弱，要拉大消费者的消费量难度十分大，除非有另类的促销方式，但另类的促销方式可遇不可求。但是，如果能争取尽量多的渠道资源，就能抢占市场的先机。

第四节　如何做好淡季营销

“旺季取利，淡季取势”，这是淡季营销的核心思想。“取利”，就是要夺取最大销量；“取势”，则是获取制高点，争取长期的战略优势。

淡季需求不旺，企业的营销应更强调竞争导向，把更多的精力放在关注和分析竞争对手上。而且，淡季意味着绝对销量的绝对减少，应该接受这一客观事实。所以不管什么行业，在淡季中应该做好“取势”的工作，我们先简单向大家介绍一下如何开展淡季的营销工作，在后面几章将会对具体工作的实施作详细介绍。

抢减量增销量

提高销量是淡季营销最直接、最现实的目标。

“旺季做销量，淡季做市场”，旺季的辛苦劳累和淡季的休养生息，已然成为大多数公司的运行规律。这本也无可厚非，但我们应该看到常理的存在，也是机会的存在。同时，淡季销量的增长显然不会来源于市场的增量，而是来源于对手的减量。说白了，就是在对手松懈时从他们手中抢销量。这也是“淡季旺做”策略被采用的原因。

“旺季抢增量，淡季抢减量”，是在淡季提升销量的根本策略——以比对手更强的促销、更广的宣传和更低的价格进行掠夺。但需要指出的是，淡季的绝对量毕竟有限，所以，投入的“兵力”要有度，抢的程度也要有个度。而且，淡季做销量，同样重在取势。

此外，要想在淡季营销中脱颖而出，创新很重要。营销的本质就是要将同质的产品卖出不同来。创新就是要创造差异化、差异性的促销、差异性的市场定位和市场选择来完成淡季销量的增长。

1. 适时推出新品。在淡季适时推出一些新产品，可以有效地分割对手的市场份额。从取势的角度来看，能强化企业品牌在消费者心中的地位。对于营销预算有限的企业，以有限度的广告宣传和适量的新品推出可以取得不错的市场影响力。

2. 发现产品新的消费方式和新的消费用途。发现和引导消费者新的消费习惯是淡季提升销量的有力途径。一些别出心裁的消费方式，如饮料在冬季的“热饮”——“煮饮料”、“煮热露露”、“煮姜丝可乐”、“热椰汁”，甚至“煮红枣啤酒”，就是淡季营销的创新典范。

3. 坚持适度促销。有一些企业本着“投入和产出成正比”的原则，在淡季大幅压缩费用。这样做，只会使销售压力更大，淡季更淡。某滋补酒在陕西省市场上就曾因为在淡季大幅缩减费用——取消了陈列费用、降低人员工资和提成，结果造成陈列质量的降低和大批销售人员的流失，等旺季到来时，商家已措手不及。

相反，在淡季保持适度的促销，特别是形成对竞争者强大的促销压力，往往能达到事半功倍的效果。三星和飞利浦等电视生产商在2002年9～11月的淡季促销，不但带来了35%左右的销售额增加，更让纯平产品的销量同比增长了10%。

大部分营销专家的共识是：淡季将有限的资金投资在能够刺激消费者的促销活动上是比较明智的营销方法。

值得注意的是，淡季的促销切勿过分依赖于单纯的降价打折上。替代性的策略是，可以考虑提高产品的附加值和增加一些服务，这样在增加短期销量的同时，不会对已经购买了产品的消费者造成太大的负面影响。

4. 强化和开发淡季渠道。进入淡季，通常的旺季主力渠道都会大幅度萎缩，但另外一些销售渠道则开始活跃起来，这就是淡季渠道。比如瓶装饮用水，秋冬淡季时，超市、批发市场、零售店、摊点等正常渠道销量大幅减少，然而生意清淡了一个夏季的洗浴中心、桑拿中心却进入了顾客盈门的季节，人在洗浴、桑拿后会感到口渴，饮用水的消费量很大。如果能拿下某个区域市场内大部分洗浴中心和桑拿中心，水的销量依然可观。

淡季的渠道策略无非两方面：一方面，在淡季，销售波动较小的渠道应该得到强化；另一方面，要针对产品特点，开发新的渠道，以适应产品的淡季销售。比如，有的企业在旺季时注重开发城市区域市场，强化批发渠道，淡季时则侧重于农村市场和机构大客户，成功实现了销售无淡季。

5. 市场转移。淡季除了有时间限制外，还有区域限制。也就是说，在同一时间内，在不同的区域市场，淡旺季是不同的，至少程度上是不同的。例如，有的产品就存在“南淡北旺”和“南旺北淡”更替的特点。而相当多的产品当国内市场进入消费淡季时，在国际市场上却进入了消费旺季；在城市出现淡季时，在农村或城乡结合部可能并没有淡季的迹象。中国国土辽阔，横跨多

个气候带，更有着进行市场转移的腾挪空间。例如夏装，当我国北方进入冬季时，南方却依然阳光明媚，所以适当的市场转移是很有必要的。

突出长期利益

淡季之淡，在于销量。销量是一个期间指标，即“某个期间内的销量”，而这个期间是小于一年，甚至只有一两个月。所以，淡季之淡，仅是就短期利益而言，对于企业的长期利益来说是没有淡旺之分的。

所以，淡季营销重在“取势”。

何为“势”？就是长期有价值的东西，如口碑建立、品牌营造、战略价值等，这些都是企业的“势”。

为旺季营销准备

“旺季取利，淡季取势”，但企业的最终目标就是谋利，而取势同样是为这个最终目标服务的。另外，淡季终归是淡季，“旺季抢增量，淡季抢减量”，“增量”永远比“减量”要大，取“增量”永远比赤裸裸地从对手手中抢食来得容易。而且，淡季营销有时候是得不偿失的。一个很简单的例子：冬天花几倍的努力将冰箱卖出去，抢的也许是夏天的生意。

所以，淡季市场永远不是和对手决战的主力战场。重视淡季营销的目的，除了上面谈到的适当提升销量和追求长期利益外，主要是为旺季服务。“敌懈我战”的收获仅是策略上的收益和战术上的震撼，对长期利益的坚持也不过是企业永续经营的需要。

那么，如何为旺季的到来做营销上的准备呢？

1. 注重开拓性的营销工作。在消费旺季，企业有限的销售人员通过有限的销售渠道，只能服务于有限的客户。在既定渠道和既定客户业务的疲于奔命之下，很少有精力和时间开发新的渠道和新的客户。淡季时，如果仅是坐等旺季到来，最好的结果是在销售旺季到来的时候，销售渠道和客户维持在原有的水平上，销售业绩止步不前，更可能的是由于竞争对手的增加或竞争对手的营销，在新的旺季到来时，原有的销售渠道减少，客户减少，销售业绩大幅度下降。

所以，在淡季除了抓紧时间对现有客户进行分析、归类和管理外，企业应积极开拓新的营销渠道，开发新的客户和市场，同时，还要总结经验教训，谋划下一步的市场开拓方案，培训营销人员。

2. 测试消费者对产品价格和价值的接受度。消费者在淡季往往会对自己的花费和产品的价格更加敏感，因此这恰恰是进行产品价格和价值接受度测试的最好时机。测试消费者对新产品和价格的接受程度，以备在旺季到来之时进行大规模的全国推广活动。雀巢公司营销人员的经验是："如果消费者在淡季能够接受你提供的新产品、接受新产品的价格，那新产品在旺季的营销活动就相对简单多了。"

一般来说，淡季开展测试营销，风险比较小，不会对企业原有的产品组合造成特别大的影响。同时，企业花费在渠道、广告和物流上的成本也相对要低很多。

3. 存货水平调整。过量的存货对于企业是巨大的财务压力和经营风险。如果压在经销商手中，经销商为了减轻库存压力很可能会进行大幅降价以清理存货。但是，大幅度清理库存会导致旺季到来时的存货水平过低，这样就很可能造成企业无法抓住突如

其来的需求增长。所以，淡季时的销售预测和存货监控就非常重要。

创新创造差异

营销的本质就是在同质化的产品中创造差异。淡季与旺季相比的不同，就是企业产品之外的差异。如何利用这一差异，通过创新创造新的差异，是淡季营销的最高境界。一旦能突破营销常规，出奇制胜，往往能取得“淡季不淡”，甚至胜过旺季的效果。

1. 营销模式创新。淡季营销的模式创新是最根本的解决方案。但也存在初期投入大，最终市场结局难以预料、风险系数较高的特点。不过一旦创新成功，回报甚巨。

分时度假模式就是一个解决酒店业淡季营销难题的成功范例，即将度假酒店或度假村某一个房间的使用权以周为单位时段销售给多位客户，使用的期限可以是 20 年、30 年，甚至更长的时间。客户在购买了该房间某一时段单位的使用权后，既享有该时段每年免费入住该房间的权益，同时还享有将该时段单位进行转让、馈赠、继承等附属的一系列权益以及优惠使用度假酒店或度假村的公共配套设施的权益。这样，一方面，通过将产品在潜在客户群中进行内部转让分配，提高了销售效率，降低了营销成本；另一方面，则通过提高产品的附加值，增强了产品的吸引力。

2. 产品创新。淡季之淡，肯定有淡的原因。冰箱、空调冬天卖不动，只因人们此时求暖不求凉。所以，空调增加制热功能就是在淡季的创新。产品创新，就是对产品的重新定义，满足消费者在淡季的需要。

3. 销售创新。同样，利用淡季存在的原因，也可以在销售方式和促销方式上解决造成淡季的问题。

4. 消费创新。淡季的出现，除了一些客观原因外，很多时候缘于消费习惯和消费者使用产品的方式。如前所说，客观原因是可以有的放矢、对症下药的。同样，消费习惯和消费方式也是可以改变的。引导消费者冬天对饮料的“热煮”消费方式，就是典型的例子。而北方“夏天吃火锅，冬天吃冰棍”和“油炸冰淇淋”这些新的消费方式无不与消费创新有关。

第二章 淡季零售业的基本状况

DANJI LINGSHOUYE DE JIBEN ZHUANGKUANG

每年年后，随着市民消费高潮的褪去，零售业的淡季也接踵而至。几乎所有的零售商都表示，三四月是全年里的一个低谷，它将一直持续到4月底才开始走高，到“五一黄金周”形成第一波的消费热潮。

图3　电子卖场的销售状况不尽如人意

第一节　了解零售业淡季市场状况

零售业是一个受诸多因素影响的行业，就目前的消费情况来看，节日、气候、人为促销宣传是几个较为主要的外部因素。超市、百货商店以及家电专业店等大部分业态的销售热潮都在春节前后，第二个高峰则是在“国庆黄金周”前后，许多业态销售曲线的波峰都与节庆假日相吻合。值得注意的是，假日过后，消费市场下跌到波谷也就形成了每年三四月市场冷清和尴尬的局面。

同时，一定时期内的天气突变也造就了相当规模的市场，如空调、电暖器等产品。另外，商品促销也成为刺激消费的重要因素之一，“有节推节，无节造节”是不少百货业常用的手法。就各个零售个体来看，销售量的波动与销售价格的波动基本保持同步，但同时也应指出现在的消费者消费观念日趋理性，大降价疯狂抢购的时代已经不复返了。

从消费者自身来分析，消费者的心理也是一个重要的需考虑的因素。年前消费者都有一个持币待购的心理，年前购物开支大造成年后消费的过度透支，这对走中高端路线的百货业态的影响尤为大。部分百货商场相关数据表明，过年后大型家电等销售受阻，季节性的正价新品，如春装、春鞋的销量也未形成优势；从几家超市反馈来的信息表示，糖果、饼干等产品都进入青黄不接的时期，但其他日常的生鲜食品、副食类产品的销售基本保持平稳。

每个行业和每个产品的淡旺季时间也有很大不同的，不能一概而论。下面就以最典型的服装行业为例，分析一下各种服装的淡季市场状况。

服装淡季市场

由于季节、气候等原因，很多行业的销售存在淡季和旺季，服装行业也是其中之一，因为服装的种类繁多，所以对服装行业来说，其淡季、旺季没有标准的划分尺度，不同的

服装其淡旺季是不同的，如羽绒服的销售季节和T恤的不同，运动服装的销售季节和羽绒服也是不同的。但是，我们统计了一下，将大部分的服装作了一个大概的划分：

旺季：节假日（春节前、三八节、五一、六一、国庆、年末）和换季时期。

淡季：五月中、七八月。

基本上，淡季是在一个特别长的季节中没有节日的时候；过年过节，换季时都是旺季。

此外，淡季、旺季还应该分地域，比如在华北，只有6月下旬、7月较淡，其他全年是旺季。

由于服装类商品的多样性，以及不同种类商品的特有属性和消费者的购买习惯，决定了其营销淡季区间的划分不尽相同，一些时令性服装的销售淡季甚至相差很大。以下按整体服装类和各种服装的不同属性逐一分析：

1. 整体服装类。由于春节、“五一”、“十一”的带动，其所在月份出现了销售的峰值。扣除黄金周因素，夏季服装的销售较冬季相对平缓，主要原因是受酷暑的影响，消费者外出活动的频率减少，消费热情降低。另外，夏季是商务会展活动的淡季，单位团购的数量明显少于冬季，对服装的销售也构成一定的影响。

2. 女装市场。女装在服装类商品的销售量中所占比重最大，据调查，女装零售量占服装类零售总量的比重高达28%～56%；从营业面积上看，也明显大于其他服装类商品，一般在百货商场中占两到三层。女性对服装、服饰的偏爱，决定了女装是一种全年度热销的商品，不存在明显的销售淡季。

另外，女装的流行趋势变化快，每一季都有新的款式推出，过时而未售出的商品即意味着没有了市场，因此换季促销在女装的销售中非常普遍，不断带来新的销售高潮，8月出现的峰值正是夏季服装甩卖的表现。6月、11月、次年2月的销售相对低迷，主要是由于消费高峰过后，消费者处于相对的理性期，同时又是旧货已销新货未上的间歇期所致。

3. 男装市场。男性消费相对理性，男西装、男衬衫和西裤的销售相对平稳。其中，男衬衫夏季消耗量大，从3月起销量节节攀升，5月达到峰值，6、7、8、9、10月保持平稳，冬季销量下跌，但在春节期间有小幅上扬。

4. 童装市场。儿童是童装的消费主体，但购买权却掌握在父母手中，父母往往受时间等多种因素影响，选择在特定节日前后一次性、大量购买，因此童装的销售具有集中性特点。春节期间和“六一”儿童节前后的5、6月成为童装销售的高峰，销售量远远大于其他月份。8月的销售小幅上扬也是由换季热销所致，其他各月均为淡季。

5. 休闲服市场。休闲服是近两年服装市场中的新宠，其中牛仔服四季皆适合穿着，销售全年保持平稳；夹克衫夏季销势趋缓；T恤衫时令性强，1、2、11、12月为明显的销售淡季。假日效应对休闲服市场的影响并不显著。

6. 冬季热销商品。针织内衣裤、羊绒及羊毛衫、防寒服和皮革服装都属于时令性服装，受传统购买习惯的影响，消费热潮主要集中在冬季，夏季明显为销售淡季。从销售量上看，属于易耗品的针织内衣裤销量最大；而皮革服装近几年的流行趋势渐弱，销势低迷。从销售区间上看，针织内衣裤、

羊绒羊毛衫的穿着周期长，虽然夏季的销售下跌，但仍保持有一定销量，而防寒服和皮革服装则无人问津。

第二节　找出“淡”的原因

在许多营销者的印象中，销售分为淡季和旺季，他们认为淡季销售往往是企业进行调整的时期，也就是企业进行储备力量的时期，比如产品调整、人员调整、制度创新、管理培训等，这样一来，旺季时常出现拥挤与徘徊现象，而淡季则比较空虚，市场的投入也较平淡，造成的错觉就是淡季销售的无力，与投入产出

图4　单纯的折扣策略不一定会带来预期的效果

难成正比，企业也不愿意在淡季集中力量开拓市场。那么到底淡季如何来进行市场操作呢？这需要了解淡季形成的现实背景，然后才能够对症下药，通过对规律的剖析，进行淡季销售的策划与销售工作。

通常淡季的形成有许多原因，对服装销售来说，除了我们曾讨论过的气候、季节等客观原因，还有消费意识、商家购货意识、企业投入传播意识、销售目标意识、传统观念意识等原因。

消费心理淡

根据市场有效消费的规律，我们所熟悉的消费季节已经形成一种惯例，也就是消费有一定的阶段性，这是因为消费的众多因素在左右市场，单单商家不能有效地把消费市场激活。所以在一般市场的基础上，是消费在左右市场，而不是市场在左右消费，这样的结果就暴露了市场的脆弱：商家无法根据自己的产品制造销售机会，而是要等到合适时机的到来。这一点在服装行业尤为突出。

消费心理淡，也就是实际消费能力与产品所需求的消费能力不相吻合，从营销策划的角度看，要影响消费者心理，就必须把消费心理的关键环节打通，进行消费力度的强化刺激。把对产品的需求与正常的消费观念结合起来，这一点在商家推出的许多广告里面要有渗透，而不是一味介绍产品的需求，引发消费者的热情，鼓励消费将成为改变消费心理障碍的有效途径。

流通意识淡

商家迎合的是消费旺季，所以在传统的基础上没有进行产品

的周转。这样的结果使产品不流通，信息交换出现问题，而直接影响到厂家对市场的判断。从这个层面来分析，流通领域的是否转动是判断产品是否有市场信心的标志，而大部分流通的经销商迫于淡季的原因，对流通的管理与研究仅停留在表面现象上，没有与上层的厂家一起来研究产品与市场，无论从促销角度或者推广角度，都显得不够。

流通意识淡化，成为我们制订销售企划的一大弊病，要想流通与消费融为一体，流通领域的快速传播、流通流域的货物周转、流通领域的微利销售等均能产生积极影响，流通领域的关键是要启动市场的有效载体。

传播意识淡

在传播意识上，销售淡季的传播力度淡也比较明显。无论是采用何种销售模式，在这个时候，好像没有一个商家与厂家愿意拿出更多的资金来促销，这样就处于一个相对稳定的时期。而这个时期的推广力度不足也是淡季延续的原因之一，市场需求不足，而导致市场诱惑力下降，直接来说是对消费刺激的不足，也是对消费推动不够强化的表现。

传播的要求与机会是根据所需要消费的习惯来完成的，而时机的选择是看传播的式样与刺激力度，从这个角度来看，传播的方案策划成为关键，要改变传播意识淡的局面，需要花较大的力气来营造传播的意识氛围，从而改变淡季推广薄弱的局面。

目标意识淡

从淡季销售的现象来看，商家抓住消费的目标意识仍然比较淡薄。也就是目标销售的针对性不够强，商家往往采取的是通行办法，有些甚至是没有目标的促销，专项促销与季节促销往往比较少，造成目标消费流动于可买可不买的心理状态，而非主流的消费形式。这样一来，造成的消费浪费是淡季策划不力的主要原因，也是对消费目标形不成一种气候，也就是出现淡季的客观原因。

目标意识较淡是普遍现象，所以也就会出现大面积的淡季之说，因此要改变目标消费统筹现象，也是营销的现实需求，抓目标与抓环境、抓意识领域、抓消费教育领域等等，都是目标消费的开始，所以在淡季是抓目标消费的最好时候，也是改变传统淡季消费的一种机会。

深入观念淡

由于企业没有深入了解各种消费现象，从而无法扭转淡季的格局。因此，企业需要专业人士的深入调查与科研，现在流行让市场营销人员附带做市场调研工作，重点就是要强化市场部门的职能，从各种角度看，目前我们的企业缺少市场研究与判断，不深入市场，而仅仅靠一把手或者几个主要市场的领导者进行市场分析，因此，谈不上专业，也谈不上有新的创造和发掘市场潜力。

第三节　转换淡季角色

销售淡季，有些是市场本身造成的，比如贫困造成的消费潜

力不够；有些是企业自己造成的，比如计划与创新不够；而有些是心态造成的，认为淡季就应该休养生息，无须投入较大的力量来刺激消费。这些逐渐变成一种习惯，使得淡季更淡。

无疑，销售淡季的形成，有着许多企业无法掌控的因素，但从一定角度看，淡季与旺季的根本区别在于如何根据环境的变化来达到自己的销售目标。如果企业对自己的营销策划进行一些改变，即对淡季销售的常规方式做出调整，那么淡季销售有望成为突破口。

具体来讲，应采取怎样的措施，转换淡季角色，实现淡季不淡呢？

跟踪淡季意识形态

淡季销售之所以淡，到底是什么原因造成的？淡季所表现出来的意识形态分为主观与非主观两种。主观淡季就是客观存在的销售吸收能力，也就是我们熟悉的消费能力不够，消费者购买能力出现问题，这样的主观意识主要集中在二、三级市场或者乡镇市场里面，而大部分是我们知道的非主观淡季。非主观淡季的容量是非常大的，商家找不到要卖东西给消费者的方式或者诱惑，造成非主观淡季的现象。

淡季的意识形态如何是决定销量的关键。主要的淡季表象有许多，如企业策划缺少动力、传统消费观念转变缓慢、商家促销力度下降等，为此，需要根据不同的区域进行意识形态的区分，跟踪形态的发展、发生与转化的过程，这样可以在较短的时间内进行策划，减少淡季的销售阻力。大部分意识是根据市场的变化可以转变的，这也是我们需要跟踪与消化意识形态的过程，用意识形态的转化来创造淡季销售的突破口，销售之前要先营造营销的气氛。这要根据企业自身产品特点、区域消费观念特点、风情民俗等来确定。

转化淡季销售方式

淡季的销售方式是决定淡季销量是否增长的关键，一般传统意义上的淡季销售方式没有多少新意，也就是造成淡季产品降价或者处理产品的原因，消费者也习惯于在这个时候观望，虽然企业在淡季进行的策划会打动部分消费者的心，但需要切实达到消费的规模化，就要在销售方式上进行改变。

销售方式有主动与被动两种，主动销售是淡季销售转型的要点，淡季销售方式的变化，主要有几个方面：一是把产品透明化销售，突出产品的形象；二是把产品科学化销售，突出产品的含量；三是把产品生动化销售，突出产品的使用性能；四是把产品教育化销售，突出人文关怀的作用；五是把产品多功能化，突出产品的合理性、实用性销售。

淡季销售的方式可以是多样性的，适合的场地可以是走出去，也可以是请进来，总之，需要再次满足消费者的购买欲望，以来达到淡季多方位销售的目的。

突破区域销售台阶

淡季销售在整体的战略上可以选择优势市场来引导，但在启动优势市场的时候，就必须在淡季进行市场梳理。梳理的内容包括淡季形成的规律、淡季的特点、淡季的消费意识表象等，从而为淡季市场的启动做好基础准备。

企业的区域优势可以根据市场开发的重点来进行考察，比如销售规模、投入资金、消费潜力、目标完成概率等，淡季销售需要选择有个性化的市场进行推进，特别需要有可以重点进行调整的方向，既可以传承优势，又可以快速转化，所以区域突破的关键在于淡季能否转达一种连带的信息，突破区域销售台阶。

如何来突破呢？一是需要选择有淡季与旺季明显区别的个性市场；二是区域优势需要有消费潜能，能够辐射周边市场；三是程序力求简洁、容易操作，实施影响面大的策划案；四是能够及时监控，做到随时监控，加强控制力度；五是可以把优势力量集中表现出来，满足启动市场的需要。

整合力量转型模式

淡季销售的模式需要有特制的模式，这个模式可以是临时的。要根据市场的检测结果来确定淡季销售模式，模式来自淡季的特定需求，一般来讲，淡季的模式就是促效模式，对整体模式没有多少转变，因此在选择什么样的模式时需要谨慎考虑。

淡季销售模式有以下多种模式可以参考：一是推动销售，一对一的销售模式便于快速推进与快速积累；二是销售集中，集中消费者进行推广，也就是推出各种活动销售，将消费者集中进行宣传教育；三是促销演义模式，进行推广产品的教育、演出、优惠、让利、折扣等大型多功能活动，在局部地区进行超常规运作；四是淡季销售的多重复合模式，就是把销售淡季与旺季结合，将销售旺季的活动延续到淡季，这样需要很多策划技巧，因此也是最具有优势的模式之一，连动性强。

整合力量转型模式是淡季必须要做的事情，如果在淡季销售的过程当中一直延续一种销售模式，那么，淡季销售的局面将很难有新的突破，所以模式转变与销售方式的变化是关键。

第四节 了解淡季市场需求

许多企业的产品销量到了销售淡季就一落千丈，这并不是企业的产品销售不出去，而是许多企业存在淡季思想。所谓淡季思想就是到了销售淡季，企业就固执地认为目标客户暂时不再购买企业的产品，企业无论怎么努力，对产品销量的提升也作用不大，所以促销活动不做了，市场开发力度减少了，客户拜访暂停了，经营策略趋向僵化。这些活动的结果直接导致销售业绩越来越差，而企业却将其归结为销售淡季，结果是下一个淡季到来时销售人员也不努力，如此企业陷入一个淡季销量下降的怪圈之中。其实在淡季，消费者对产品还是有需求的，虽然淡季的需求的确比旺季小一些，但如果探究下去，也可以发现消费者潜在的需求，可以制定出相对的策略来提高销量。

科学的营销策略的运用的确可以使企业提升销售业绩，但这一切都建立在洞悉市场需求的前提下。我们要想制定出科学的策略，首先要找到消费者对产品的需求，然后抓住需求，进而创造需求、引导需求，才能制定出科学有效的营销方案来吸引消费者的购买。

价 格

我国尚不发达的经济现状决定了绝大多数消费者对商品价格

很敏感。淡季商品由于供求关系的失衡决定了其价格的低廉，相对于旺季产品居高不下的价格，越来越多的消费者钟情于“换季购买”，以求实惠。如对羽绒服来说，夏季绝对是销售的淡季，很多羽绒服的经销商一到夏季就销声匿迹了，但是如果能够意识到价格这个对消费者至关重要的因素，也可以使羽绒服在夏季这个淡季火一把。近几年“反季热卖”很常见，很多地方都出现了夏季羽绒服热卖的现象。夏季羽绒服热卖就是价格在起主导因素，“波斯登”、“丫丫”等品牌的羽绒服在夏季的销量竟然超过了冬季，某地一位经销“波斯登”羽绒服的商户就创下了一天销售 300 多件的佳绩。分析其原因，在冬季售价 300 多元的羽绒服，在夏季仅售 100 元左右，巨大的差价直接引发了羽绒服的旺销。对消费者来说，淡季购买可以得到更多的实惠。

观　念

有很多产品销售淡季的产生仅仅是由于人们的消费观念造成的。如冰激凌、糖果、啤酒等一次性消费品，人们对这些商品的需要在一定的时期好像并不强烈，造成了销售淡季的产生。但消费观念只是消费者心中的一种看法，它会随着消费者思想的转变、对产品认识的加强而随之发生变化，因此，消费观念具有可变性。如啤酒在天热旺销，天一转寒马上就转入销售淡季，有人认为冬天不宜喝啤酒，但也有人喜欢冬天喝啤酒，这就是啤酒在冬天仍有销量的原因。销售观念引导着多数人的消费行为，但消费观念的可变性使其不可能引导所有的消费者。

图5　糖果在淡季经常成为促销品

气　候

四季的轮换导致了也造成了许多产品的淡旺季的产生。如服装行业对气候的反应最为强烈，气温的上升或下降都会对服装的销售产生直接的影响，人们对不合季节的产品需求量很少。但气候也不是一成不变，如这几年全球气候变暖，冬季的气温越来越高，这种情况造成了服装的淡旺季逐渐发生了转移，原本三四月份仍处于销售淡季的春季服装，会提前进入销售旺季。

地　理

在干旱无雨的西北卖不动的雨伞到了多雨的江南就会旺销；北方在8月之后杀虫类农药就没有了市场，但这种农药拿到昆明则四季畅销；北半球雪花飘飘之时，南半球却是烈日炎炎的酷暑，夏装疯狂热卖。地理位置的不同造成消费者的需求不同，在此地处于销售淡季的商品可能到彼地正逢销售旺季。

战　略

作为企业，可能会出于战略性的考虑选择在淡季时购入部分产品，进行备货，这样做的好处有三点，一则淡季降价时备货可节约费用，降低成本，使企业在旺季到来之后的竞争中占有成本优势；二则可以保证库存，避免旺季时产品畅销，可到厂家却进不来货的不利局面；三是可以维护与供应商的关系，增进交流。

事　件

在销售淡季中，某些重大事件的发生可能导致销售由淡转旺。如 6、7 月原本应是电视销售的淡季，但 2002 年世界杯的开战却直接带动了电视机的销售，使得电视机在此期间的销售额直线上升，这个淡季非但不“淡”，销量还直追旺季。

时　间

对一部分中间商来说，时间上的差异造成了其在某些商品的淡季进货。如一位做外贸的商人，他在国内采购的货物运输到非洲，通过海上运输大概需要 3 ~ 4 个月的时间，这就要求他在皮货生意的旺季来临之前 3 ~ 4 个月就要备货完毕，然后向非洲运输，才能在非洲的皮货旺季来临之时赶上销售。

其　他

除去上面的各种原因之外，还存在着部分淡季的需求，每年5~9月西服处于销售淡季，但在很多正式的场合（如大型的会议、正式的宴会等）仍要求到会人员穿西装，从而显示会议的正式性、重要性等。这些消费也同样构成了销售淡季的部分需求。

第五节　如何抓住淡季消费者的需求

经过对销售淡季消费者需求的了解，我们认识到在销售淡季消费者仍存在对产品的需求，企业只有寻找到需求，经过科学的营销策略来引导需求，进而扩大需求，才能够最终实现在淡季提升销售业绩。

转变淡季观念，做旺淡季市场

俗话说得好："没有不景气，只有不争气。"很多企业产品的销售在淡季一落千丈不是因为企业的产品销售不出去了，而是因为企业淡季的思想在作祟。一到所谓的淡季，企业就认为目标顾客暂时不再需要企业的产品，企业无论怎么努力产品也无法销售出去，这样做的结果直接导致销售业绩愈来愈差，而企业却往往把这归结为销售淡季来临的原因，结果是下一个淡季到来时企业愈加不努力，如此陷入一个淡季无销售的恶性循环之中。海尔集团 CEO 张瑞敏曾说过："没有淡季的市场，只有淡季的思想"。

企业要想在销售淡季提升业绩，首先要改变企业经营的理念，树立“销售无淡季”的意识，相信唯有思路，才有出路，做市场也同样是这样。

与客户沟通，转嫁风险

1. 企业在旺季结束淡季来临之际，一定要注重与客户的沟通，对老客户做好前期的销售结算和后续的销售服务工作，对客户的返利或奖金等做好清算，避免客户对企业产生疑虑。同时，要做好后续销售服务工作，淡季客户的要货量一般较小，企业应不分大小，一律同样对待，做好送货服务。

2. 通过与小经销商的沟通和种种促销手段来吸引其进行备货。对小经销商来讲，资金一般是其发展的最大约束，因此企业可通过宣传在淡季备货的价格优势，并可以通过各种奖励手段刺激小经销商进行备货。

加强对业务员的激励

业务人员是企业开拓市场的主体，淡季的到来，业务量的骤减往往使业务员缺乏工作热情，产生懒惰心理，没有信心去开拓市场。企业若想在淡季提升业绩，必须加大对业务人员的激励，刺激其工作的积极性与创造性。例如印刷行业到了每年的六七月，业务量就逐渐减少，进入了淡季。面对逐日减少的销售额，某企业的老总在苦思之余突然想到了一个妙招，他马上召开销售工作会议，对业务员宣布了公司的新的销售政策：在淡季，也就是6~8月，业务员为公司拉来的一切业务，公司只收成本费用，所有利润全归业务员所有。这一下极大调动了业务人员的积极性，在公司全体业务人员的努力下，公司 6～8 月的业务量大大增加，而到最后给业务员发奖金时，反而是业务员要求企业应从利润中提成。

淡季选择激励业务人员，不仅可以提升销售业绩，还可以寻找新客户，同时拉住业务员的心，可谓“一石三鸟”。

促销，体现对消费者的关怀

1. 通过广告引导需求。对于因消费观念而形成的产品淡旺季可以通过引导消费者的需求来改变。如饮料在夏季旺销，冬季进入销售淡季，针对夏、冬两季的销售情况，通过广告向消费者传达“夏季喝加冰的露露”、“冬季喝热露露”，并通过不同的功能诉求来引导消费者，宣传“冷饮清暑，热饮去寒”，经过这一系列的广告宣传，改变了人们冬季喝饮料少的习惯，可有力地促进产品的销售。

2. 通过营业推广来吸引消费。淡季的价格优势是吸引众多消费者和经销商的一大因素，打折、送赠品、提高产品附加值等做法可吸引众多对价格反应敏感的消费者。另外对一些选择淡季备货的经销商来讲，价格因素是其冒着风险进行备货的主要原因。

调整战略，增长业绩

当区域市场上的消费需求达到一定限度无法增长时，企业扩大市场的范围无疑可以增加消费者对产品的需求。而且，这样有利于企业在淡季做出战略或策略上的调整。

1. 开发新市场。企业可以选择在淡季开发新市场，主要是因为淡季绝大多数竞争品牌处于休眠期，对市场的管理工作减弱，

在广告宣传方面的投入大为减少。企业选择此时进入，市场上的干扰信息降到了最低点，有利于企业抢占渠道和宣传品牌形象，而市场的扩大自会造成销售业绩的提升。一家生产大众化食品的企业，产品在历史上都是淡旺季分明，其原因是该企业只注重开发城市区域市场，只重视开拓批发商这一销售渠道，结果是销售额呈现出周期性的剧烈波动，企业连续多年亏损。该企业后来接受专家的建议，在销售的淡季开发新的通路，企业的销售人员共同强力开发城郊市场，开发店铺和机构消费等新渠道，开展繁忙的开发新市场、开拓新渠道的工作，最终使企业实现了销售无淡季，销售额持续上升，仅三个月后便扭亏为盈。

2. 市场重心的转移。产品的淡旺季可能在不同地方有不同的时间区间。某种产品的市场消费在南方呈现出淡季的时候，在北方可能开始进入旺季；在国内市场进入消费淡季的时候，在国际市场可能正进入消费旺季；在城市市场出现淡季的时候，在农村市场或城乡结合部市场可能没有出现淡季的迹象；在市场和店铺购买进入淡季的时候，可能在火车站、飞机场、旅游景点等场合的消费和购买却始终如一的旺盛；在批发商抱怨销售淡季到来的时候，面对最终消费者开展的大规模直销活动却往往能够获得意想不到的效果……可见，淡季如何做好市场，很重要的一点就在于企业是否能把握住市场需求，适时地将市场重心随需求的转移而转移。河南某农药生产厂家就根据南北气候的差异造成的农作物周期不同而进行市场转移。当北方进入农药销售淡季时，他就将市场重心南移，适时地市场调整使得产品的销售再无淡季。一家生产高档羊皮褥子的企业，冬季其产品在国内市场是销售旺季，夏季是销售淡季，但在国际市场上却正好相反，夏季是发货旺季，这因为国外客商购货、备货是在夏季完成的。该企业原来只做国内市场，结果是半年繁忙半年闲，经济效益很不理想。该企业根据“淡季不淡”的营销新观念，同时开发国内、国际两个市场之后，实现了全年销售无淡季，销售额翻番，经济效益倍增。

注重创新，增长利润

销售淡季产生的另一个原因是产品无法满足现时消费者的需求，此时增加产品的功能就可以满足市场消费者的需求。夏季穿西服太热，但在某些特定场合人们必须穿西服。针对这种需求，清凉西服应运而生，它满足了夏季既要穿西服，又不希望太热的需求，自然就可以满足更多的消费者。针对冬季啤酒市场的低迷，一些厂家开发出暖啤、火锅啤，在冬季创造了新的热点，也为企业带来了新的利润增长点。

此外，产品线的拓宽也能满足消费者的需求。以服装为例，夏季对西服、羽绒服的需求减少，对T恤、衬衣的需求却大大增加，企业此时如能拓宽自己的产品线，在冬季生产西服，夏季生产T恤，则一年四季都有产品在市场上出售。在这种产品进入淡季时那种则进入旺季，随时都随利润增长点支撑着企业的销售业绩，这样企业自然就不存在销售的淡旺季了。一家生产白酒的企业，其领导班子非常重视新产品的开发、产品结构的调整、战略的制定与实施。近几年来，该企业在深入进行市场调研和市场预测的基础上，开发出了针对北方农村市场的中高度白酒、针对南方农村市场的低度白酒、针对中小城市消费市场的中档白酒、针对大中城市酒楼饭店的高档低度白酒，同时，它们还开发出了适合夏季饮用的低度黑米酒及系列饮料，使整个企业全年处于生产

销售的繁忙状态，再无销售淡旺季的区别。尤其是该企业通过产品结构调整战略的实施，完成了以低档酒为主导产品向中高档酒为主导产品的战略转移，实现了销售量与利润率同步增长的经营发展目标。

降低费用＝增加收入

销售淡季业绩会下降是不争的事实，当企业通过各种营销手段的努力之后发现对业绩的提升不大时，企业就应该考虑“降低费用＝增加收入”了。费用的降低主要来源于企业在销售淡季管理费用的降低。营销费用主要由业务招待费、公关费、差旅费、办公费等基本运营费用和营销推广费等构成。由于很多人对所谓感情营销的推崇以及市场竞争的加剧，居高不下的营销费用一直令企业叫苦不迭。对此，企业在销售淡季应加强对营销费用的控制，减少耗费。

面对如季节轮换一样的淡旺季交替，企业只有以积极的心态引领消费，实施创造营销，才能走出淡季怪圈，提升销售业绩。

没有淡季的市场，只有淡季的思想。即便是在市场淡季，人们仍有不同层次和方面的消费需求，整个市场之大足以给零售个体创造大展身手的空间，而关键问题是商家是否能争到尽量大的市场份额，如何积极调整经营步骤，应对现有的市场环境，在“淡的”环境下有所作为。在淡季，大部分零售业都不约而同地进行卖场软硬件升级、门面装修和店铺调整，主要目的是为了带动人气，营造购物氛围。另外各超市也在卖场商品摆放上大作调整，扩大应季应时产品的区域，主动调整，等待新一轮的销售热潮。

第六节　零售业如何面对淡季

从春节过后到“五一”前这段时间，是零售业的淡季。这好像已经是一种惯例、一个怪圈：打折再打折，返利再返利，商家使尽一切手段，卖力吆喝，但顾客依然没多少热情。春节期间是消费黄金时段，自然形成一种购物高潮，春节过后必然有个停顿，形成淡季。淡季是种商业规律，节后的淡季是必然存在的。但面对异常激烈的市场竞争，过度饱和的零售市场，“等、靠、要”、无所作为的思想必然会使自己落后挨打，丧失发展机会，无立锥之地。因此零售商家有没有办法突破这个怪圈？零售业怎样才能在淡季里有所作为、达到利润最大化？

洗脑转变对淡季的认识误区

只有疲软的物体（商品或人），没有疲软的市场。

饱和市场，往往是指某一零售市场整体饱和或某一个区域饱和，而不是指每一局部都趋饱和。淡季概念的产生是因为饱和市场的出现，但是饱和市场不是绝对饱和的概念，关键是“市”在人为。长期以来，零售业一些员工在淡季期间养成了“等、靠、要”、无所作为的思想，严重影响了企业经营。

问题的解决来自对问题的正确理解、认识。处理淡季问题，首先就要教育引导零售业员工改变对淡季的认识，从观念上改变“休闲”的心理心态。因此开展“淡季不淡，突破淡季”的教育

和自我教育、宣传和自我宣传的宣教活动，改变员工的思想认识很重要。邀请大学工商学院教授、广告公司企划员给中高层、营销员授课、洗脑也重要。此外，举行以“突破淡季”为主题的晚会、征文、员工合理化建议等活动，使广大员工统一思想、统一认识，为下一步淡季营销活动打下基础也很必要。

培育顾客购物价值感

随着人们收入的逐渐增加，很多消费者更注重“购物价值感”、“享受型购物”，大型零售业，尤其是中档及中高档的零售商场应重视商场的购物环境和服务方向发展。淡季期间，商家拥有更多的时间和精力，应拿一部分费用和时间来改善一下购物环境，调整一下产品结构，推进一些特色服务。比如从文化促销上来彰显自身的购物环境，利用淡季推广自己独有的产品和浓厚的文化氛围，给顾客创造更多的“购物价值感”，这无论在重塑商家的整体形象上，还是商场的个体品牌上都很有好处，让消费者感到淡季购物确实物超所值、舒心畅意、一“购”多得。如此就会最大限度地把消费者吸引到商场中来。

推广 VIP 抓高端客户

高端客户一向是商家的主要利润来源，而且高端客户购买行为无明显的季节性，因此加大中高端 VIP 顾客的开发培育力度、提高高端顾客的消费频率，是零售业淡季营销的重中之重。这主要是因为淡季销量有限，势必增加成本，而提高中高档顾客在商场总销售中的占有率，有利于降低商场经营销售成本，提高销售盈利能力，增加商场经营业绩。因此在淡季，要对客户群体进行有效细分、重点推广VIP服务，利用VIP卡搞好高端客户推广，抓住VIP群体，更好地为这部分顾客提供更优质更体面的服务，从而更好地锁定这些目标群体，保持商家在淡季期间应有的经营利润。

制造节会 营造商味

春节至“五一”这段时间，节假日少，客流量明显减少。但没有传统节假日不等于就没节假日，商家也可自己制造节假日。如国外有些商家就大张旗鼓搞店庆日、文化周，并把它们安排在淡季里，从而在淡季中掀起一阵营销小高潮。在这段期间，还有诸如情人节、妇女节、愚人节等节日，有商机可发掘，商家不要小视，也应做细做强。比如在情人节，可举行“爱在春花浪漫”推广活动，为情侣免费化妆、赠送一些礼品如玫瑰花等，以吸引消费。各地市也都有自己的民俗节、商会、赛事等不逊于春节、国庆等的重大活动，商家应积极响应，大胆参与，做好相关配套的商业推广活动。诸如此类，淡季就不怕没节假日，没有商机了，而是月月有节，甚者感觉天天在过节。

深挖周边市场

对不少中小城市区域性购物中心而言，目前共同面临的一个最大问题就是客流量偏小，形不成一定规模的消费群体，而一到淡季，客流“缩水”更明显。因此零售商家如何更有效地“挖水引水”，吸引周边顾客，挖掘更多消费群体，也是营造淡季不淡的一个重要步骤。特别是现在，不少城市在建的商业场所很多，MALL面积很大，如果没有周边客流，每家商场平均客流量规模

就难维持正常水平，商家的日子就难过了。但现在光靠商品来吸引周边客流也很难。因此必须创建一个优良温馨的城市逛店购物氛围，但这单由商家各行其政是完全不够的。此时当地政府在宏观管理、微观引导的主导作用就显得很重要。政府应在提升城市吸引力，优化本地商城购物的附加值，营造良好的逛店氛围、购物环境上发挥更大作用。政府有关部门应统一协调，实施“走出去”策略，在大力推广旅游业的同时，也重视一下本地零售业的推广，这不仅有利于提升当地旅游城市的形象，也有利于提升本地整体的商业形象。菲律宾有个购物周，吸引了国内外游客纷至沓来，这也是因为其国家旅游局、境外局等国家行政部门的大力推广，才有了今天这样的繁荣局面。因此淡季期间，商家也应改变单干的局面，做好政府公关工作，力请政府为自己谋划出力。

专注品牌建设和宣传

顾客对信息的接受能力和信息的传播量成反比。淡季期间，商家之间的营销活动基本停滞，发布信息较少，易于被受众对象所接受，信息的传播效率要比旺季时高得多。因此零售企业在淡季不妨改变往年的营销计划和做法，把精力重点放在企业 VI 宣传、品牌建设上，淡季侧重企业品牌建设，旺季侧重产品销售。品牌建设主要表现在企业形象包装、宣传推广、社会公益、结构调整、员工优化等方面，借助这些，我们可以有效提高社会公众对零售店的关注率和美誉度。这样，在形象、文化内涵提高的基础上，旺季促销宣传信息才会取得最佳的效益。这点对大型零售业或保守型零售业比较适用。

推出适销对路的促销方案

促销已成了如今零售商家淡季期间的强心剂，淡季营销的重中之重。但纵观商家的促销，雷同的居多，效果不佳。因此淡季期间的商家促销必须别出心裁，与众不同，而且要讲究连贯、系统、配套，多管齐下，才能收到意想不到的效果。下面是一家大型超市淡季推出的促销系列活动，供大家参考：

活动1：来××，买就送！凡在活动期间，来本超市购物的顾客，只要购物金额达到25元，均有礼品相送，买得越多，送得越多。

活动2：金榜题名送大礼：凡当年被录取的大专以上院校的新生，只要持有当年入学通知，均有“祝您成长”精美礼品一份相送；如购买学习和生活用品更可享受6~8折的优惠。

活动3：“半边天”有情相送：凡与数字“3和8”有关的女性顾客，如车牌号含有38，生日是3月8日，手机尾数是38等，均有爱心礼物相送。

活动4：“疯狂30秒随你拿”：每天凭购物小票或发票随机抽出2~3名顾客，作为当天的幸运顾客。幸运顾客在规定的30秒时间内，可在本超市内任意抓取商品，能拿多少算多少，只要不违反规则，所有拿出的商品全部免费赠送。

其他系列促销活动还有文艺表演、啤酒大赛、宝宝爬行比赛、卡拉OK赛等公益活动。此系列活动一波接一波，针对性、趣味性强，特别值得一提的是“疯狂30秒”，自推出后即受到广大顾客的热烈欢迎，这项集趣味性和刺激性于一体的促销活动，吸引了许多市民围观，每天都将整个促销活动推向高潮。商家、

顾客实现“双赢”，各有所获，效果良好。

零售业淡季营销策略、手段还有很多，如加强员工培训、开展节支降耗活动、举行联谊会等等，这些都是可以借鉴的营销手段。总而言之，淡季不淡，“市”在人为。

第七节　剖析竞争对手

任何一个行业，剖析竞争对手是很重要的事情。

凡是有市场存在的领域，就必然少不了有竞争，少不了竞争对手。孙子兵法有云：“知己知彼，百战不殆；知己而不知彼，胜败参半；不知己不知彼者，每战必败。”无论你是厂家，还是商家，都需要随时关注竞争对手的动态，“凡事预则立，不预则废”，未雨绸缪深刻剖析你的竞争对手总是好的。淡季需求不旺，我们的目标是抢减量增销量，竞争对手的减量就是我们的增量。因此，除了洞察市场需求外，我们还应该强调竞争导向，把更多的精力放在关注和分析竞争对手上。

那么，如何深刻剖析竞争对手呢？竞争对手的状况方方面面，非常繁琐，现在我们站在商家的角度，针对零售业将竞争对手的状况分解为几部分进行逐层次的剖析：

产品策略分析

根据营销界著名的“4S”（产品、价格、渠道、促销）理论，我们知道，产品策略在每个企业中都占有重要的位置。因此，在这里，我们首先要研究的就是竞争对手的产品策略。

研究竞争对手的产品，大体从以下几方面入手：

1. 产品的技术含量。比如竞争对手采用的是国内还是国外技术？技术先进在哪里？有哪些缺陷？企业的科技研发力量如何？等等。

2. 产品使用的主要原材料、部件。比如，电视机的核心部件显像管采用的是哪个牌子的？空调压缩机是采用进口的、合资的，还是国产的？其他还有许多关于附属原材料及零部件的情况。

3. 产品质量如何？

4. 产品工艺水平如何？产品表面是粗糙，还是非常精致、细腻？

5. 产品的最主要卖点和优势是什么？

6. 产品上市是否及时，或者是否能赶得上销售的好时机？

7. 产品更新换代周期有多长？

以上内容是我们需要研究的竞争对手的产品策略。这里就出现了一个问题：我们研究竞争对手的这些产品策略内容，要从哪个途径入手？这个问题应该说是我们深刻剖析竞争对手的关键所在。

我们的渠道主要来源于以下几种方式：

1. 通过间接或直接的方式询问当地主流经销商。现在基本上每个经销商都从事代理、经销多个品牌，所以我们可以通过这些经销商来获得一手资料。商家的回答可能不会那么全面，但是他们的评价恰恰是我们最易忽略、也是最重要的东西。比如，商家可能一眼就看出这个产品制造工艺粗糙，不会畅销，比业务员还精明。

2. 询问有关售后人员。售后人员在产品方面是最有发言权的，他们的言语可能很简单，但是言简意赅。比如，哪个品牌的产品质量好他们是一清二楚的。此外，他们对各个品牌产品之间的优劣也有很深的认识。

3. 促销员也是一个渠道。促销员直接面对消费者，熟悉产品最大的卖点与消费者的喜好，对各个品牌的产品认识也很多。

4. 公众“调研”获得一个大概的印象。找到当地居民，不经意间询问他对于各个品牌的产品看法，他们必有自己的观点，这些观点往往能给常坐办公室不了解市场的人以启示。

5. 直接询问自己的业务员，如何看待竞争对手的产品。

6. 收集有关媒体方面的信息，获得更多的信息。

7. 直接找总部要竞争对手的相关资料，再与自己区域市场内的情况相结合。

价格策略分析

相对来说，价格策略对于商家而言是更加重要的。因为现在各个品牌之间，无论是品牌形象、规模实力，还是产品质量，基本上没有多大差异，而价格策略则是直接决定企业赢利与否、赢利多少的关键。

分析竞争对手的价格策略，主要需要研究竞争对手的总体价格水平、各个细分产品的不同价格标准、价格定位、价格调整频率与力度、进货价、零售价与结算价、返利之间的相互关系等等。

研究竞争对手的价格策略，我们主要通过以下 4 种途径：

首先是动用自己的业务员，让他们将竞争对手在一个阶段内的所有产品价格记录下来，然后进行详细分析，综合比较，确定竞争对手的整体价格水平，评估竞争对手的价格定位。在这其中，还需要将不同款式的产品进行相应的比较、评估，虽然从整体而言，竞争对手的价格可能略高于自己品牌，但是从每个品种来看，有些款式的产品价格对方定价可能还稍低，这就更需要我们仔细分析，研究竞争对手此举是为了单纯的宣传造势获得低价呢，还是在打击自己以抢占细分市场？一旦明了之后，我们将可以从容决策。

其次，利用好自己的促销员。到市场一线去，实地考察，看对方的促销员如何介绍他们产品的价格，从另外一个侧面研究竞争对手价格策略。此外，让自己的促销员不间断地汇报对手的动态，并分析对手的价格定位。

第三，直接找到经销商，询问不同价格定位的优劣势，看看对方价格定位是否正确，反过来分析自己的价格定位是否合理。

第四，通过对公众进行非正式的调研，结合当地居民的生活水平和消费习惯，评估竞争对手的价格策略是否到位。

渠道策略分析

近年来，“渠道为王、决胜终端”的理论在营销界颇为盛行，这里所指的“渠道”是狭义的渠道，非概括一切的渠道。从这个理论出发，这里研究的竞争对手的渠道策略主要包括：

1. 竞争对手的渠道政策。分清对手是自建营销网络，还是主要依托传统的代理、经销体系，或者是直销、建专卖店，甚至还包括电话营销、网络营销等等，当然更多的是企业同时采用多种

营销渠道模式，不过在这其中，肯定有占主流的。

2. 竞争对手渠道政策调整的频率和力度。绝大多数企业都在不间断地对自己的渠道政策进行相应调整，有时是全面调整，有时则是修缮、小打小闹，在不同时期企业有不同的渠道模式。

3. 竞争对手新建渠道、维护渠道的举措。这其中就包括投入一定的人力、物力、财力对相应的经销商进行不同的支持等等。

研究竞争对手的渠道策略，主要需借助以下五种途径：

首先是用好自己的业务员。好的业务员不会每天都关在房间里睡觉，而应该经常进行市场调查，时刻关注市场变动状况。业务员应该对竞争对手的渠道策略有比较深刻的认识，并能对竞争对手的渠道策略进行优劣评估。这是非常重要的一个途径。

其次，多在市场走动，与商家多沟通、交流，从他们口中获悉竞争对手的渠道策略是否真正做到了家，市场竞争力有多强。

第三，从促销员那里得到补充的回答。促销员对整个渠道策略并不是很了解，但是他们有深刻的感性认识，而且他们处于市场一线，可以将渠道策略与消费者习性结合在一起看待问题。这也不失为一个好的途径。

第四，从总部获得更详细的资料，但是那些资料可能更多的是一种补充，毕竟各地市场状况不一样。

第五，上专业的营销类网站，搜寻有关竞争对手渠道策略的文章、新闻，从而更全面地理解竞争对手的渠道策略。当然，如果有关系，也可以直接与竞争对手的同仁一道交流，获得更直接的信息。

促销策略分析

“终端为王”其实更多的就是指终端促销，企业只有将产品销售给终端消费者才算是真正完成了销售的第一步，从这个角度来看，促销就是销售完成的“临门一脚”，重要性不言而喻。

分析竞争对手的促销策略，其实质内容包含以下几点：

1. 促销的频率，即促销活动是否经常开展，长期坚持下来。

2. 促销的力度，即投入的各项成本有多大。

3. 促销的形式是否丰富多样。

4. 促销的内容是否能吸引消费者的眼球。

5. 促销的成效，即促销究竟帮助企业赢得了多少销量，对整个市场份额的提高有多大影响。

6. 促销对品牌提升的好处。

7. 促销对企业员工、商家信心的提高。

分析竞争对手的促销策略，主要借助的渠道包括：

1. 业务员。我们自己的业务员都是要靠开拓市场的，因此他们对于竞争对手的促销活动不可能不关注。

2. 商家。无论是我们的商家还是竞争对手的商家，他们都会强烈关注促销活动，因为促销能够创造实际的利润，他们对促销有更深刻的体会。

3. 促销员。充分发挥促销员的积极作用。

4. 公众（含消费者）。通常大众认为谁的促销活动搞得多，谁的名声好像就大，这是一个必然的现象。所以，在区域市场内，许多小品牌可以占据垄断、主流位置，而全国性大品牌反倒位居中游。

5. 网络。上网多查找相关资料，或者是与同行多交流，总会找到更多、更有用的资料。

品牌传播分析

很多人认为，品牌传播的效果总不如终端促销来得那么直接。其实话说回来，品牌传播总是重要的，海尔之所以如此出名，品牌传播有不少功劳。这里我们将“品牌”与“传播”结合在一起来分析。

品牌传播研究主要包括以下几方面：

1. 竞争对手在当地的广告宣传投入。这包括在当地的电视、报纸上做的广告（含软性宣传文章和硬广告）、户外广告（墙体广告、车身广告）、电台（包括一些交通台）、广播、邮报、夹报等等。

2. 竞争对手在终端卖场的陈列、展示。这里有商场门口的大型广告牌、门栏、商场内的灯箱、POP、宣传单页、挂页、展台整洁程度、产品陈列……这些在一定程度上会影响到消费者的购物欲望，并决定消费者最终选择购买哪个品牌的产品。

3. 竞争对手在当地的曝光率和在当地居民心目中的品牌形象。一些全国扬名的大品牌在区域市场往往遭遇“无人识”的尴尬境地，究其原因就是在当地的知名度不高。

研究竞争对手的品牌传播，主要的途径有以下几个：

1. 商家。大多数经销商往往是我们研究竞争对手品牌传播的最佳渠道（甚至超过我们自身）。经销商都有自己独特的渠道来源和观点，如果一个品牌长期在中央台、地方台亮相，或者是在中央级媒体上面刊登，他们就认为这个品牌真有实力；另外就是当地媒体登载的一些活动广告，包括竞争对手赞助当地举行一次演出等等，这些事情都能很强烈地影响当地经销商，也是最受他们关注的话题。

2. 业务员自身。业务员虽然也关心竞争对手的品牌传播，但是往往不是很全面，而且缺少连贯性，他们只能提出一些简单的看法。不过，对各种促销活动的广告他们是比较在意的。

3. 促销员。促销员可能还会在意商场内竞争对手的一些细节动作，比如竞争对手将刊登有他们企业宣传的中央级媒体报纸裁剪下来，然后张贴在商场内。

4. 进行市场调查，或者是与邻居闲谈，获悉他们对竞争对手品牌传播的印象。

服务策略方面

海尔能在短短10多年时间内迅速崛起，成长为中国家电业第一品牌，其成功很重要的一个原因就是它的服务。近些年，我们日益感觉服务的重要性，事实上无论哪个厂商、哪个员工，现在都不敢对服务抱以轻心了。

研究竞争对手的服务策略非常重要，我们研究竞争对手，需要了解的情况包括：竞争对手的服务政策；竞争对手的服务承诺；服务兑现情况如何，换个说法就是服务质量如何。

研究竞争对手的服务策略，我们主要的途径就是找售后服务人员。一般而言，售后服务人员对于这些情况是非常了解的，问题是太多的企业名义上说是去研究竞争对手，但是从来就不肯到一线，不肯实地考察。售后人员如果没有得到相应的好处，他们会有很大的抱怨，他们对待消费者也是极端不礼貌，或者最起码

是非常不认真、不负责任的。

促销员也是一个途径，因为有许多消费者遭受到质量问题时，总会投诉到商场去，埋怨直接的当事人，因此促销员对企业的服务策略是有一个初步印象的。

其他或者是上网寻找资料，或者是找总部求助，都是比较好的可以选择的方法。

人力资源分析

在市场营销中，"人"是最关键的要素。做过市场的人都知道，"做市场就是做人"，说得就是这个道理。所以，一个企业只要有大批优秀的员工，即便企业优势不是很大，产品竞争力不强，他们同样能取得优异的成绩。

研究竞争对手的人力资源情况极其重要，我们真正需要研究的内容包括：

1. 企业的培训、教育是否到位。原则上，企业的业务员和促销员、售后人员都应该对产品非常熟悉，应不但能熟知产品的各项功能性能，而且能针对不同的消费者很快说出产品的最大卖点。此外，业务员和促销员还必须尽快掌握消费者的需求，这些知识都应该在销售工作开始前进行培训和教育的。

2. 厂商关系是否融洽。一些业务员能够迅速和当地商家打成一片，双方称兄道弟，合作愉快；而另外一些业务员可能一辈子也没有和商家打交道，这不仅是考核企业人力营销的标准，更在很大程度上决定了企业能否屹立在当地市场中。

3. 企业的各种规章制度是否完善。这里有两点需要特别指出：一是对业务员放货额度的控制。许多企业都存在铺货（有时称放货）的定额，超出这个额度，其实就是企业经营存在较大风险的时候，所以企业应该在财务方面严格控制；二是业务员是否每天都确实在干事。有些人天天睡觉，既不跑市场，也不打电话给商家，如果企业存在这方面的漏洞较大，那么说明这个企业的人力资源状况较差，企业竞争力不强。

4. 企业员工是否信心十足。“态度决定一切”，企业员工充满激情，必定能给企业创造更大价值；反之，一个企业士气低落、人心涣散，那么，企业就存在很大隐患了。

5. 经销商的感官认识。许多时候，经销商的直觉能从一个方面反映企业的人力资源状况。

可以看出，以人为本的重要性。获得竞争对手人力资源状况的途径包括：

首要是实地考察。走访一线市场，扮演“间谍”角色询问商场促销员，看他们对产品是否了解，能否迅速抓住消费者的需求，说出一番合情合理的话来。这从另外一个侧面直接反映了员工的能力，同时也验证了企业是否真正进行了专门的培训，培训是否到位。

其次，从经销商口中得到相关信息。比如，员工是否得到了专业的培训、培训的频率如何、培训效果如何，这些都是能轻易得到的情况。此外，还可以从经销商那里得到他们对于企业员工的看法。

第三，借助其他途径获悉企业员工的信心、激情。比如，上网寻找有关信息，与同行交流等等。

小帖士

如何应对竞争对手的促销

竞争对手采取促销政策，应该说很少有企业不跟进的。因为跟进是找死的话，不跟进更是找死，还不如正面对待它，或许能变被动为主动。

其实竞争对手进行促销时，我们就应该早有心理准备，非常坦然地接受这个事实，同时迎应对手采取更好的促销。只是这个时候的企业促销，与对手相比，更应该有“动销”的意义，而不是盲目的跟进，不是仓促的下决策，不是毫无想法地去实施。竞争对手促销，我们不是不做，而是需要透彻地研究对手的促销政策，从而采取一套有理、有序、有节的高超的应对方法。

可以总结为：先定好促销对策，后再采取更高（更高的利益吸引）、更快（更快的采取行动）、更强（更强的执行能力）的“三更”政策。通过这“三更”政策，打一场痛痛快快的促销之战！

1. 定位。后来居上是相当不易的，要想后发制人成功，那就得找到对手的软肋。促销同样如此。这里的定位一是能找到市场真正需要的促销方式、促销政策，从而通过自己的后发促销反而能抢对手在消费者、渠道成员中的位置，或者比对手的定位更醒目、更有吸引力；二是能找到对手的空当出击，这样不但能找到自己的位置，还能将对手打倒。

2. 更高的利益吸引。产品本身就是价值的体现，产品要进行促销，就是在认同产品的价值之外，还要在短时间之内让渠道成员、让消费者得到或者感受到更高的价值，所以，用更高的利益吸引肯定是“众望所归”。这也符合渠道价值链的观点：渠道各层级、消费者都是让产品增值的成员，他们得利能促进产品的流通，这也就是“促销”的内涵。

3. 更快的行动。都说现在不是大鱼吃小鱼，而是快鱼吃慢鱼的时代，这在促销的实施上更容易得到印证。促销本来就是短期的促进销售。

有这样一个真实的案例：某企业正在秘密讨论某节日期间在车站进行方便面促销，准备三天后行动，结果这个促销信息被对手截获了，对手紧锣密鼓，第二天就采取了与该企业未实施的促销政策类似的促销，结果大获全胜，使该企业的促销计划胎死腹中，损失惨重。竞争对手打了一个漂亮的抢时促销战。都说“螳螂捕蝉，黄雀在后”，在市场变化如此之快、消费者的需求随时都可得到满足的时代，这越来越不适用。当促销产品已经占据了渠道经销商的仓库，消费者也已经享用了该促销品后，新的促销对他们来说已没了兴趣。当年的饮料市场“再来一瓶”红极一时，各个企业都争先效仿，但真正得利的其实只有最先的倡导者。

4. 更强的执行能力。计划达成就是5%的计划，加上95%的执行。我们除在5%的计划中可能比对手强之外，最主要的是要在这95%的执行上下工夫。

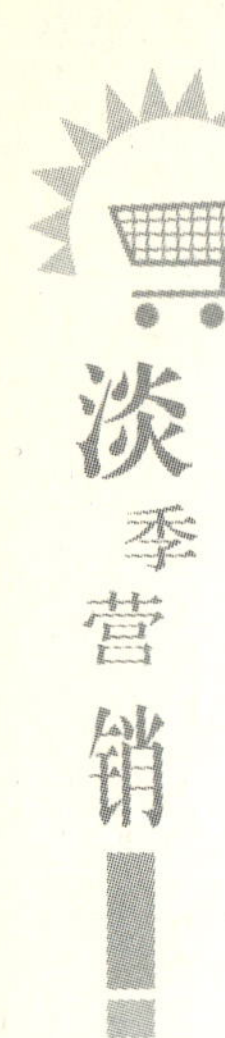

第八节　淡季营销的几个误区

淡季营销的观念是正确的，但是在销售淡季，一些企业的营销策略还是存在某些误区，这样对销售额的提高是很不利的。为了避免大家走进淡季营销的误区，表 1 对误区和相应的对策进行了归纳总结，供大家参考。

表 1　　　　淡季营销的误区及对策

误　区	对　策
误区一：销售队伍的松懈 销售人员长期的懒散会形成一种习惯，在旺季来临之际会不适应	对策一：加强销售队伍的目标管理 当淡季到来时，是到了养兵的时候，但却不是“放养”，而是“培养” 培养的一个方式就是考核指标的转换
误区二：无限制的价格促销 “价格是一把双刃剑”，适度的价格促销对销售是有帮助的，可是无限制的价格促销却无异于自杀	对策二：开拓淡季渠道 一个产品进入淡季，正常的销售渠道都已经萎缩，但是同时却是另外一些销售渠道能有机会的时候
误区三：过度压缩费用 在淡季过度的压缩费用会给销售带来更大的压力，使淡季更淡	对策三：合理使用费用进行针对性促销 投入适当费用进行有针对性的、令人耳目一新的陈列和促销也能重新打开市场

具体而言，淡季营销的误区现象表现如下。

销售队伍的松懈

“旺季做销量，淡季做市场”这句话乍一听有点道理，但实际上却反映了销售人员的松懈思想。销售人员往往认为进入淡季就到休息的时候了。就连有的销售经理都有这种想法：经过旺季的辛劳该有一段时间轻松日子了，销量调低一点，休养生息，为旺季做准备。上边疏于管理，下边自然形同放羊。危机在淡季的时候还不会有明显的体现，但等到旺季来临时，这种由销售队伍的松懈带来的危害就会一一浮出水面：

进入旺季需要一定时间的预热，淡季会造成销售人员和客户之间的生疏，同时也会给其他竞争品牌以可乘之机；对销售人员销量要求的下降造成产品某些渠道或售点的真空，客户会因此对产品产生“陌生感”，需要一个重新认识过程，而且此渠道或售点的固定消费群体也许会因此改变消费习惯；销售人员长期的懒散会形成一种习惯，在旺季来临之际会不适应，就像一根牛皮筋，如果始终一张一弛，就会有很强的韧性，但如果一直在松弛状态，突然拉紧则有可能会断裂。

无限制的价格促销

进入淡季，很多企业迫于销量压力往往会选择价格促销来维持销售，适度的价格促销对销售是有帮助的，而无限制的价格促销却无异于自杀。

试想，一个消费者今天在超市看到一瓶500ml自己所喜爱的果汁由原来的每瓶3元降到2.5元，她会兴冲冲地买一瓶来喝。第二天逛超市，见到该果汁价格降到每瓶2元，她会有点犹豫地买

图6　零售商纷纷低价抛售

一瓶来喝。到第三天如果见到该果汁降到 1.5 元一瓶，也许这个消费者在很长时间内都不会选择该果汁来饮用。她会想，也许明天会更便宜，或者想，是不是这批货质量有问题。无限制的价格促销会对消费者造成伤害，使其对此产品产生怀疑，进而对此品牌的忠诚度降低，甚至以后都会放弃这个品牌的产品。

无限制的价格促销对销售渠道的伤害更是致命的。大量的产品积压在中间环节消化不了，间接形成了对旺季的影响。客户对厂商的不断降价感到厌烦，产生了受骗感，打击了客户的信心。今年乐百氏旗下的“脉动”以其“水果味道的水”的新概念推向市场，取得了成功，可是其“水果味的水”却并不新鲜，早在 2001 年，西安某公司就推出过相同的产品。某公司旗下的“R 氏”果汁在西安当地以及周边的省市都有相当高的知名度，其

200ml 利乐包装红苹果汁在 20 世纪 90 年代初的西安曾经是风靡一时的饮料，即使现在仍然有相当大的消费群体。2001 年该公司推出了“R 氏水果水”系列，以“水果味道的水”作为推广概念上市，上市初期取得了不错的销售业绩，占据了一定的市场份额。当年的秋冬交替之际，因为销量急剧下滑，公司采取搭赠的方式进行促销，终端售点包括批发客户都囤积了一定数量的货。就在搭赠促销刚刚结束不久，该公司突然将原来每箱 24 元的供货价降至每箱 9 元，活动一开始，整个市场震动了，在搭赠活动中进了货的客户纷纷要求退货及赔偿损失，没进货的客户在如此大力度的价格促销面前也犹豫不决，这样的促销结果可想而知。进入 2002 年，除了消化一些库存以外，“R 氏水果水”几乎淡出了市场。

过度地压缩费用

似乎是不成文的规定，所有的企业做市场的时候都本着“投入和产出成正比”的原则，这原本也有一定道理，可是在淡季过度的压缩费用却给销售带来了更大的压力，使淡季更淡。过度地压缩费用往往意味着陈列的缩小、促销频率和力度的降低、人员的流失等一系列问题。

这些现象是很多企业在淡季销售中存在的误区，针对这些误区，我们应该采取一些对应的对策：

1. 对策一：加强销售队伍的目标管理。中国有句俗话说：“养兵千日，用兵一时。”当淡季到来时，是到了养兵的时候，但却不是“放养”，而是“培养”。培养的一个方式就是考核指标的转换。销售人员的天职就是销售，换句话说销售人员就是要完成

销量的。所以企业在销售旺季将销量达成作为考核销售人员的主要指标，而在淡季考核的指标可以进行一定的转换，这样既可以使销售人员一直处于战斗状态，又可以整顿销售队伍，比如考核成交率、生动化点数、模范店的建立数量、行政工作的及时准确性等。

2. 对策二：开拓淡季渠道。摒弃一味采取价格促销的做法，开拓淡季销售渠道。大家都知道物极必反的道理，就像地球一样，一面夜色迷茫的时候另一面却正是阳光普照。一个产品进入淡季，正常的销售渠道都已经萎缩，但是同时却是另外一些销售渠道产生机会点的时刻。

3. 对策三：合理使用费用进行针对性促销。在淡季绝对费用降低的情况下，不应一味减少相对费用以降低成本，而应投入适当费用进行有针对性的陈列和促销。

夏季对于巧克力来说是一个绝对的淡季，首先消费者因季节而发生口味的改变使选择巧克力的人群减少，其次巧克力特殊的运输、储藏及陈列要求（低于22℃的温度）使很多销售渠道选择在夏季放弃销售巧克力。D品牌作为巧克力第一品牌，在夏季的一些陈列和促销方式令人耳目一新。在一些城市，D品牌经过和超市的谈判，利用正常陈列的费用将巧克力陈列到了超市销售保鲜牛奶、保鲜肉制品的冷风柜内，这样既让巧克力在夏季得到了良好的保存，又增加了巧克力在消费者面前的显现率。

D品牌根据夏季做渠道促销效果不明显的特点，将一部分渠道促销费用转化为消费者促销费用，和当地的可口可乐合作进行捆绑式销售，D品牌的巧克力得以在可口可乐数以千计的陈列冷柜中展示，这样解决了三个问题：得到良好的陈列条件；得到足够多的陈列点数；得到好的销售效果。可乐是夏季人们最常选择的饮料，人们在选择可乐的同时会选择冰的巧克力。

图7　电扇、空调也属于淡旺季鲜明的商品

在意识到了淡季销售的重要性以后，走出淡季营销的误区，采取正确的淡季销售策略，可以真正做到“无淡季销售”，对于一个产品的销售意义是非常重大的，而对于企业来讲，一个经营思想的改变或许有着更为深远的意义。越是淡季销售，营销的思路与步伐更加需要谨慎，一方面可以为旺季销售打下基础，另一方面将为自主销售奠定基础，而非盲目跟随策略，在众多的市场战术、战略里跳出来，形成一种淡季优势，将成为利润增长的重大关键点。

直接促销：促销要讲究效率，成为目前促销工作的重点。如何达到应有的效果，关键是要直接，无论教育促销、奖励促销、

优惠促销、动态促销、情景促销等，均需要直接做好促销面对面的需求。直接促销是淡季在一线销售的重要手段。

优势互补：旺季销售的众多促销条件与销售物资是对淡季销售的有力促进，优势互补强调的是处理多余，简化程序，感动客户，建设一条快速的销售通道，比如老带新的促销、多带少的促销、亲带远的促销等。

突出传播：淡季销售需要有针对性的传播，包括各项广告与推广活动，要建立在淡季销售特点的基础上，要与销售模式与促销方式结合起来，针对性与应用性要强，传播的过程要简短，品牌与文化传播可以少些，功效与利益传播可以多些，因此，传播的重点放在一线。

选择重要：要对重要的消费者、重要的传播途径、重要的促销方式、重要的商业渠道、重要的销售区域、重要的销售活动、重要的推广模式、重要的销售人员等等，越是淡季，越需要改变传统，打破传统，因此，重点的选择是非常有必要的。

链接环境：销售环境的链接非常重要，任何一种销售无论是在什么季节，均需要有连动的基础，这样才能够造成一定的销售势头，保持一定的销售量，形成淡季销售的现象也是有传播性的，这样的淡季销售才有意义。

目标价值：淡季销售要有自身的目标价值，是为了开拓市场呢，还是建立销售基础？是获取新的增长呢，还是打破常规，建立销售新次序？在淡季销售的过程中，目标价值订立的方向应该面向企业、产品、规模、消费者，让更多的目标得到实现，无论是想试用模式、锻炼队伍、提升知名度等，淡季策划也是非常具有战略意义。

做好淡季销售的全程策划，不仅仅对业绩提升有帮助，也对企业的发展有许多好处，比如在淡季可以发现产品的真正寿命有多久，可以检测销售环节是否具备市场竞争，可以梳理市场运作中的不良习惯，可以锻炼销售机能与队伍建设等等，无论如何，做好淡季销售的策划、运作、反馈、调研等是非常关键的。

第三章 内部管理工作：人员管理和财务管理

NEIBU GUANLI GONG ZUO:RENYUAN GUAN LI HE CAIWU GUANLI

第一节　控制人力资源成本

很多行业存在明显的销售淡旺季，淡季和旺季的销售差别很大，这就给企业在两种状态下的用工、资金和业务管理造成很大的困难。那么，存在销售淡季的企业，在其管理和经营中应该注意哪些问题呢？如何才能最大限度控制成本，提高经营质量呢？

淡季人力资源管理的关键包括两方面：控制人力资源成本和提高人员质量。

控制人力资源成本

人力资源成本的控制一般有裁员、调整人力资源结构、建立合理有效的激励机制三种方式。要能够管住人、用好人，让人充分发挥积极性，必须建立符合淡季特点的薪酬体系作为整个管理体系的支撑。

很多企业一般采取淡季裁员的方式来解决淡季生产和销售都大幅降低的状况。这种做法无可厚非，但关键是如何能够做到淡旺季之间人力资源的衔接，不能因为淡季的裁员而影响到旺季生产销售工作的正常运转。

在裁员对象选择上，淡季裁员应选择技术含量低、对熟练程度要求不高的工种，这是因为企业在旺季很容易招募到这样的员工。对一些需要具有一定业务水平和操作技能的岗位，在淡季可以采用轮流放假的方式，这样可以达到既节约开支又保证工作质量的目的。

即使裁减的是流水线的工人，也要制定一些合理政策，吸引这些人在下一个旺季再回来。因为选择熟练工人，可以减少培训时间，达到提高效率的目的。例如，为了吸引熟练员工回归，可以规定次年旺季开始之前回来上班的工人可以报销部分路费。这样既可以控制淡季的人力成本，又保持了较高的回归率。而放假的工人大多选择在其他工厂工作，也没有什么大的损失。

一般来说，企业不应该裁减技术性较强的工种的员工，或者是比较重要的员工——例如中层管理和营销人员。因为这些技术员工需要经过长期的培养和磨炼，营销人员的经验和人际资源也需要时间积累。如果裁减这些人，不仅不能为企业节约成本，还可能会造成很大的损失。经营保暖内衣的某公司，在淡季中大幅裁减营销人员，导致淡季的销售网络乏人维护，而到了旺季时人才缺口无法短时间内补充，仓促招来的新员工因为业务不熟练而效率低下。由于需要时间来彼此适应和建立信任，增加了沟通成本，也使市场推广大打折扣。

调整人员结构和业务流程重组

裁员虽然可以在短期内降低人力成本，但是负面作用也不可忽视，追求卓越的企业必须关注公众形象，应该尽量通过管理提升来减弱裁员对企业的冲击。某些企业采取固定工和临时工相结合的方式，并结合合理安排工作时间的手段，既保持了员工队伍的稳定，增强了凝聚力，又满足了旺季的工作要求，大幅减少了员工队伍中的抱怨和舆论的负面评价。

成功的业务流程重组可以提高系统的运营效率，但是同时我们也要注意到，重组初期不可避免地会出现短暂混乱，特别当业务流程涉及客户时，更是如此。例如订单相应流程、退换货流程、返利流程等。所以，企业应该尽可能把这种流程重组放在业务量较少的淡季，这样，即使出现混乱，损失也能小一些。

建立符合淡旺季特点的薪酬体系

人员的管理必须与薪酬体系相结合。我们可以利用经济杠杆来调动人员的积极性，从而在人力资源成本和效益之间获得良好的平衡，这是所有管理的核心。

一个具有淡旺季波动变化的企业应该建立符合其特点的薪酬体系。淡旺季的不同表现也应该在薪酬体系中得到体现。一般的做法是制定一个基本工资，也就是底薪，淡旺季都一样，属于刚性部分；在此基础上根据旺季特点增加柔性部分，如加班费、绩效奖金等。这样，企业一方面可以调动人员积极性，另一方面还能弥补基础工资相对偏低这一不足，从整体上保证薪酬的吸引力。

淡季裁员利弊

有利：

1. 裁员对企业最直观的利益就是节约人工成本。进入经营淡季，裁员是不少企业在淡季必做的功课。裁员对企业最直观的利益就是节约人工成本。淡旺季分明，特别是旺季需要增加许多员工的行业，在淡季的确有裁员的必要，否则，淡季收入本来就不好，人工和管理成本太高，会使企业负担过重。另外，淡季规律性的裁员，还能使员工在旺季时居安思危，增加积极性和主动性。

2. 优胜劣汰。当企业的生产经营进入淡季，员工没有太多工作，往往会滋生怨言，甚至养成一定的惰性。这对企业进入来年旺季时的生产极为不利。实质上，每位员工的能力和敬业程度不同，对企业的贡献也不同。淡季是企业主动控制员工流动的好时机，企业有更多时间考核员工，让绩效和能力好、忠诚度高的员工留下来，淘汰表现和能力较差的员工。也许有人认为，淡季裁员，旺季到来的时候又要招聘，且不说新员工适应工作的成本，万一你招来的人还不如裁掉的怎么办？这里，我们主张的裁员并不是随意减员，既然是优胜劣汰的结果，裁掉的一定是企业中绩效较差的员工。另外，企业可以将裁员节约的资金转移到积极性较高的员工身上，充分调动他们的积极性，让他们创造更多的绩效，从一定程度上控制员工的总量。

在经营的旺季，许多企业往往顾不上对员工进行考核，也未必能考虑到优胜劣汰的问题。但要真正做到在淡季时淘汰一些员工，考核必须从旺季开始着手，让员工知道，只要你认真工作，裁员永远轮不到你；你做得不好，淡季一来，你可能不得不自谋生路。从某种角度看，这也是给员工一个公平竞争的机会。这样，旺季时员工的竞争意识也很强，整个企业呈现出一种生机勃勃的景象。

当然，即便是优胜劣汰，有些问题企业还是要认真思量。企业所处的市场环境和竞争环境很重要，如果你所处的行业有大量的人在市场上找工作，随时可以找到合适的人，裁员也不会使一些优秀员工对企业失去信心，转投到竞争对手那里，就可以采取这样的方法。除此之外，还有这样一些因素需要考虑：

首先，淡季时不能把所有不用的人都裁掉，因为旺季一来，有些岗位招到合适的人并不容易，所以必要的成本企业还是要付出的。其次，企业一定要早做规划，每年都有淡季，只有考核和规划是在旺季就出来的，才会避免让员工产生企业效益不好等负面情绪，避免员工对公司的前景产生悲观看法。另外，在旺季就出台考核措施，会让员工心里有底，明

白自己怎样做、达到什么条件肯定是不会被裁掉的，使真正优秀的员工能够心里很踏实地努力工作。除此之外，对被裁掉的员工，也要根据国家的相关规定给予相应的赔偿和补贴，让他们走得心服口服。

企业的老板要明白，季节性的裁员并不是因为企业亏损，所以还要算一笔账：旺季再到来时重新招聘人员并让新员工有较好的生产力时，企业的成本是多少？如果这个成本大于裁员的成本，最好不要轻言裁员。

有弊：

1. 员工队伍的不稳定会带来产品质量的不稳定。真正追求高速发展的企业必然需要稳定而熟练的员工队伍，一到淡季就裁员，会加大员工的流动性，员工队伍的不稳定带来的是产品质量的不稳定和管理的间断性，甚至会造成品牌美誉度的下降，这在无形中造成的损失，可能会比裁员省下来的钱要多得多。

企业不能在淡季旺季都想着赚钱，必要的时候，可以将旺季的利润拿出来一部分，在淡季投入到员工身上，更有利于企业的长远发展。

2. 会形成不良的企业文化。人们会认为这个企业是只重眼前利益的企业，企业的凝聚力会快速下降。第一，只重企业业绩，不重团队建设，不懂得企业的长期经营之道在于打造一支高素质的团队。企业经营指导思想有问题。第二，只重销售，不重营销。该企业基本上停留在做业务和搞销售的阶段，没有营销的概念。企业营销模式有问题。第三，只重生产力，不重凝聚力，企业文化有很大的缺陷。

裁员有利有弊，所以淡季中一定要结合公司的情况衡量利弊，在员工的留去问题上做好取舍。

第二节　激励员工走出淡季低迷的情绪

目前大部分行业均有淡旺季之分，旺季不用说，大家忙得不亦乐乎，销售团队也是精力充沛，没有时间去想其他事情。而随着时间的推移，进入了淡季，销售人员业务上不是很忙，而自己带领的团队又是斗志低迷，状态消沉，这样即使自己曾经是驰骋疆场的营销英雄，也会陷入巨大的困惑和痛楚之中。

所以我们要深深懂得淡季时，如何带领下属走出低迷境况。

接受管理培训

公司进入淡季时，可以根据下一个阶段营销计划的需要调整营销人员，并对所有的营销人员进行各种层次的培训，全面加强营销人员的工作能力。但是我们要注意到，淡季不能只由人力资源部门来安排培训，企业培训不能流于形式，那样效果不好，原因在于他们并不真正了解营销人员需要加强哪方面的能力，所以在聘请培训师以及课程安排上就不能到位，培训不能达到应有效果。所以企业应该有针对性地进行培训，其所选用的培训均要与企业业务直接相关，这样不仅能够帮助销售人员更好地总结以往的工作，还能使销售人员提升在未来旺季中需要的能力。

让销售人员当讲师

很多企业的开会或培训，均是部门负责人一个人搞培训。有时连促销员开会，部门负责人都感觉不放心，也要去讲话，发表一些所谓激励员工士气的话，话虽然讲了，但是效果并不是很理想。其实可以选用销售人员作讲师，只要先把培训的课程时间及讲座大纲列出，让下属花一至两天的时间去备课。这样的效果非常直接：一方面，平时部门负责人所要求下属应该熟悉并掌握的内容，总是得不到业务员的重视，而让销售人员自己当老师的话，下属则会把内容背诵得滚瓜烂熟。另一方面，一些业务员有时当众说话，表现不是非常自然，而经过这样的锻炼后，其口才也得到了锻炼。

学习员工激励

个人的学习空间决定将来发展的空间，所以聪明的经理人一定会加大培训力度。越是在淡季，领导越是要懂得如何激励下属。因为激励就是激发人的内在潜力，使人感到力有所用，才有所展，劳有所得，功有所奖，从而增强努力工作的责任感。每个人都想成功，每个人都有自己的梦想。一个好的领导行为能给员工带来信心和力量，激励员工朝着既定的目标前进。这种好的领导行为所带来的影响力，有权力性的和非权力性的，而激励效应和作用更多的来自非权力性因素。非权力性因素主要包括领导者的品德、学识、经历、技能等方面，而严于律己、以身作则等则是产生影响力和激励效应的主要方式。

开展理论论坛

一般处于基层的业务员，他们的理论水平大部分仅停留在学校理论及最基本的阶段。可以抓住销售淡季、人员集中的有利时机，特邀公司人力资源部经理、相关大学教授及管理学院市场营销专家等围绕高效团队建设、管理沟通、营销技巧、营销渠道管理等相关知识开展培训讲坛，以加强业务员理论知识的学习。这样的培训对于开拓员工理论视野、丰富营销思路、提高渠道管理技能、改变员工对待投诉的态度以及提升营销优质服务的理念都具有积极的意义。

养成勤奋学习的习惯

淡季也是人员跳槽的动荡季节，很多企业也是在淡季招聘或调整人员，导致岗位需求增多，下属遇到的挑战和诱惑日益增多，能否抵制高薪高职的图谋，抵制拜金主义、享乐主义、极端个人主义的侵蚀，经受住金钱、权利、美色的诱惑，面对社会转型期的各种社会思潮能否明辨是非、有选择性地规划好自己及下属的职业方向，能否做到自重、自省、自警、自励，始终保持昂扬锐气、蓬勃朝气的积极性，这都是企业需要关注的。鉴于此，可以向员工推荐一些励志的故事和心得，同时也可以买一些卡耐基和安东尼·罗宾的激励丛书，教导员工勤奋上进、拼搏追求，坚定大家“我一定要成功”的信念，同时也可以教会员工一些读书的方法。

调整激励制度

面对淡季冷清的局面，如何维护和调动下属的积极性呢？当销售人员遭遇淡季寒流时，如果企业不及时调整激励制度，必将军心涣散，许多优秀人才将流失，不利于旺季的销售。因此，在对下属的考核中，除了销量、市场占有率等硬性指标外，还应当考虑渠道管理、价格体系管理、客户关系管理、信息反馈、工作态度、顾客满意 CSM 等软性指标。通过软性指标的设置和考核，间接调高底薪，还能回避直接调高底薪带来的诸多负面因素。这样就会加强销售团队的纪律性，凝聚军心，避免人员过于波动，为旺季蓄积势能。

强化表单体系

做终端就是做细节，而细节管理则需要翔实的表格明示。淡季时可以把终端售点要素进行重要而又系统的强化学习。很多公司都有一大堆相应的表格，但是却不予以正确的使用。淡季时，可以有针对性地对销售人员在日常工作中如何进行市场终端的走访和服务，如何维护和终端人员的客情关系，如何安排产品在货架上的摆放位置和摆放数量使产品在终端中达到醒目进行重点培训讲解，力求终端产品方便易取，达到视觉冲击力强的目的，同时进行翔实的分析。另外，还可以逐日检查下属《客户卡》的使用情况。对于市场《区域整改表》、《网络进展表》每周必须让下属翔实填写分析。

通过这些具体的系统培训和看似简单的整合，不仅可以让团队形成良好的学习气氛，养成下属勤于学习的习惯，而且还能促使整个营销团队汲取不断更新的知识，使团队具备一定的专业素质。通过推出严格管理、强化表单体系、奖惩结合、鲶鱼效应、优胜劣汰的方法来管理团队，才能将团队蓄势激活，势能发力。总而言之，淡季不淡，“市”在人为。

小帖士

在淡季，企业要避免的问题

淡季，简单地说就是从整个行业营销状况与消费者消费行为来讲，都处于低潮。很多行业一到淡季，整个行业的销售业绩一落千丈。在这个时候，很多商家往往会采取一些不太好的方法来帮助企业度过淡季。

1. 大幅度裁员。生意不好，没有利润来源，只有通过裁员来缩减开支，哪怕是保住成本，也就能够期待旺季的生意兴隆了。事实上，这是很多商家的惯用做法。一到 7、8 月，大量的销售人员都会有一种紧张的心理，那就是担心企业的裁员大棒落到自己头上。有时候他们也挺理解企业的，毕竟到了淡季，生意不好，企业不可能在这几个月都入不敷出，裁员是必然的。于是到了淡季，热闹的办公室一下子冷清了，有些商家到了淡季就只剩下几个人了。所以尽量做到针对公司情况适当作调整，避免大幅度裁员。

而这样的做法只能导致一个结果：企业无法建立一支优秀的、凝聚力强的营销团队，也无法拥有一个强大的、忠诚的营销网络，最后往往导致销售工作的半途而废。

2. 给员工放假。因为考虑到工作的延续性与企业的口碑，不想裁员，但又实在没有多少工作安排，怎么办？总不能白养着这些人吧，于是只有放假。很多老板认为，淡季生意不好，就要给员工放假，而且放假的时间还不短，往往是一两个月不等。

这样的做法也有一定的“危险性”。放假的目的是什么？当然是节省开支，但是一到再次开工的时候，往往会有一些人才流失，甚至可能是骨干人员“另择高枝”了，实际上企业损失的更多。

3. 松散式管理。企业达到了一定的规模，不能裁员，但也不能给员工放假，因为一旦放假，极有可能动摇军心，于是有很多企业采取松散式管理的方式来对付淡季。例如上、下班的时间要求不是那么严格，平常要求的业务量也跟着相应调整，甚至包括待遇上的变化等。而且他们也有一个很好的理由，大家都忙了那么长时间，是应该给他们一些时间去放松一下了。

松散式管理导致的直接后果就是人心涣散。一个企业的管理风格是需要长期坚持才能形成的，“三天打网、两天晒网”式的管理只会令员工对公司的管理制度形成心理上的轻视，进而影响企业的管理效力。

第三节 提高员工素质，加强员工培训

多数企业在旺季会剑拔弩张，对市场拼死相争，到了淡季就悄无声息，因为他们认为市场的销量锐减，即使投入大量人力，最终对于销量的提升也是无济于事，甚至是徒劳，而且也是非常不经济的，企业通常在此时会解聘大量临时人员。但是一些销售经理认为淡季是企业营销部门厉兵秣马、休养生息的大好时机，便将淡季视作为销售人员培训学习的最佳时节。

首先，从时间上来说，旺季时企业生产和销售任务紧张，参加培训对业务的影响较大，而淡季的时间相对充裕。其次，从培训效果上来说，由于淡季员工工作任务相对较轻，可以保障学习的效果。最重要的是在淡季，企业员工可以通过总结旺季工作中的不足之处，找出与竞争对手的差距，提出有针对性的学习内容。可见淡季练兵，是事半功倍的大事。在淡季经销商应该重点做好员工的系统训练、重点突破、实战演练三步骤的工作，并由此建立一支优秀的、向心力强的、协作的营销团队。

培训时间

无论是企业的领导还是员工，如果不学习，都将赶不上时代的步伐。

但是企业学习应安排在什么时间呢？是否是每天都要学习，任何时间都是学习时间呢？显然不是。淡季员工工作任务相对较

轻，大家有精力学习进去，学习的效果也比较好。淡季无论是经营管理人员还是普通员工，都可以通过回顾前一旺季工作的得失以及竞争对手的特点，决定学习什么内容以及需要充电的内容。企业采取守株待兔的方式工作，或者淡季把员工裁掉，只留下看门守摊的，到旺季再临时招些对企业、对市场、对竞争对手都不熟悉的散兵游勇，临时组织游击队，怎么能在激烈的市场竞争中取胜呢？

在具体时间安排上，培训应放在淡季的中期比较好。因为在旺季结束后立刻进行培训，大家尚未从疲劳中恢复过来，绷紧的神经刚刚松弛下来就要投入到培训之中，员工或多或少都有一些抵触情绪。如果在淡季后期进行培训，则学习的内容可能来不及消化就该投入到繁忙的下一个旺季，培训效果也不会太好。放在淡季中期，可以使培训的效果达到最好。

培训内容

淡季时，公司应根据下一个阶段营销计划的需要调整营销人员，并对所有的销售人员进行各种层次的培训，全面加强营销人员工作能力。但是很多企业的培训流于形式，效果不好，原因在于安排培训的往往是人力资源部门，他们并不真正了解营销人员需要加强哪方面的能力，所以在聘请培训师以及课程安排上就不能到位，培训达不到应有效果。成功的培训往往和企业业务直接相关，这样不仅能够帮助销售人员更好地总结以往的工作，还能使销售人员提高在未来旺季中需要的能力。因此淡季的培训内容应以提高员工的综合素质为主，对员工职业道德、销售技巧和实战经验等方面进行培训。此外，还可以结合一些工作总结和经验分享。

首先，要对员工在职业道德、工作技能、心态等方面进行系统的训练，并因人制宜，趁着淡季弥补员工存在的不足。

其次，可以分享一些成功的销售案例。对成功的销售案例进行分析，得出成功销售的要点和顾客最看重的产品的卖点，将这些汇总并供大家分享。

第三，强化产品知识和销售技巧，提升销售人员的实践能力。很多经理都偏向于产品知识、服务礼仪的培训，而忽视了导购人员产品知识、服务礼仪与销售技巧的强化结合，务虚不务实，结果白白浪费了大量的培训机会，使得大家在销售旺季到来的时候不知所措。

最后，可以选择一些店面进行实战演练，在实战中及时总结经验教训。

培训形式

可以以多种多样的形式对员工进行培训，这是需要根据公司和员工的情况而定的。下面我们列出几种培训方式以供参考：

1. 以每天开晨会的形式总结前一天的工作并和大家分享自己的经验，建立销售人员信息交流和沟通的平台，促进交流和信息的反馈，提供市场决策所需信息和情报。每人一天，依次轮流进行。

2. 针对员工普遍关心的问题外聘专家进行培训。

3. 开展座谈会，集思广益，每个人都开诚布公地说出自己的想法和建议，并反馈终端顾客对产品的建议。

通过培训，不仅可以更好地提高员工素质，还可以回顾和总

结以往的工作，使员变消极工作为积极工作，变被动工作为主动工作，更好地完成旺季的销售任务。

小帖士

霍桑实验

很多时候我们认为只要改善员工的工作条件就可以提高工作效率，而忽略了对他们的重视问题。其实希望改善工作环境只是员工需求的一部分，重视员工培训和学习机会也是很重要的。下面和大家分享一个实验，希望对企业的管理工作有所帮助。

霍桑实验是心理学史上最著名的事件之一。这一系列在美国芝加哥西部电器公司所属的霍桑工厂进行的心理学研究是由哈佛大学的心理学教授梅奥主持的。

霍桑工厂是一个制造电话交换机的工厂，具有较完备的娱乐设施、医疗制度和养老金制度，但工人们仍愤愤不平，工作效率不高。为找出原因，美国国家研究委员会组织研究小组开展实验研究。霍桑实验共分四阶段：照明实验、福利实验、访谈实验和群体实验。下面我们来分享其中的两个试验。

1. 照明实验。当时关于生产效率的理论占统治地位的是劳动医学的观点，认为工人生产效率低下的原因是疲劳和单调感等所致，于是当时的实验假设便是提高照明度有助于减少疲劳，使生产效率提高。可是经过两年多的实验发现，照明度的改变对生产效率并无影响。具体结果是：当实验组照明度增大时，实验组和控制组都增产；当实验组照明度减弱时，两组依然都增产，甚至实验组的照明度减小时，产量亦无明显下降；直至照明减至如月光一般、实在看不清时，产量才急剧降低。研究人员面对此结果感到茫然，失去了信心。从1927年起，以梅奥教授为首的一批哈佛大学心理学工作者将实验工作接管下来，继续进行。

2. 福利实验。实验目的总的来说是研究福利待遇的变化与生产效率的关系。但经过两年多的实验发现，不管福利待遇如何变化（包括工资支付办法的改变、优惠措施的增减、休息时间的增减等），都不影响产量增减，工人们对此也说不清楚。

后经进一步的分析发现，导致生产效率上升的主要原因如下：

1. 参加实验的光荣感。实验开始时6名参加实验的女工曾被召进部长办公室谈话，她们认为这是莫大的荣誉。

2. 成员间良好的工作关系。人是社会人，作为社会的一员而存在。一个人的思想、情绪和行为，无时无刻不受周围人的影响。生产条件并非是增加生产的第一要素。改善劳动者的士气及人与人之间的关系，使人们心情快乐地工作并对自己的工作感到满足，而且被重视，这才是增加生产、提高效率的决定性因素。

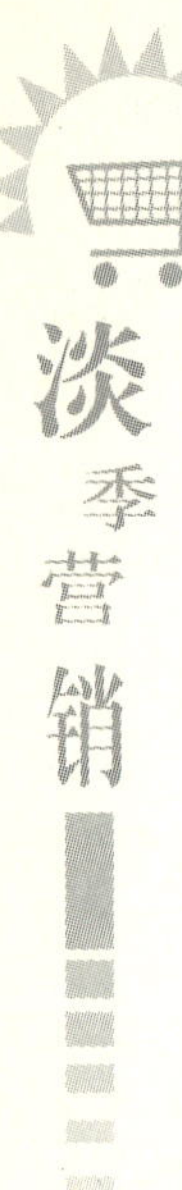

第四节　销售团队的管理

销售团队是营销的中坚力量，要想管理好销售队伍，首先要管理好促销员团队，组建一支团结、上进、战斗力强的促销员队伍。稳定、健康地发展自己的营销员队伍也是淡季工作中的关键。

调整销售人员的心态

“祸兮福所倚”，淡季其实也存在很多机会。淡季营销最重要的在于转变销售人员的思维方式。

俗话说得好，“没有不景气，只有不争气”。很多企业产品的销售在淡季一落千丈并不是因为产品真的销售不出去了，而是因为销售淡季的思想在作祟。致使销售业绩越来越不理想，只能被动地等待下一个旺季的到来。殊不知，“没有淡季的市场，只有淡季的思想”，企业要想在“淡季”有所为，首先必须树立“销售无淡季”的意识。

企业要帮销售人员树立“只有淡季的市场，没有淡季的思想”理念，就需要销售经理帮助销售人员进行目标分解，使之明确产品的市场增长点在哪里，如何去把握这些增长点，使销售人员消除各种顾虑，全身心地投入工作。例如淡季中反季节销售，也是可以旺销的。对羽绒服行业而言，如果依照惯性思维，冬天是旺季。可是，羽绒服厂家在炎热的夏天联手大搞反季节销售，通过诸多厂家的教育引导，可以改变消费者冬天才买羽绒服的消费习惯，最终形成淡季旺销的局面。

企业销售的淡旺季是客观存在的，关键是我们用何种心态去看待。我们要改变淡季营销观念，树立“销售无淡季”的思想，面对如季节般轮换的淡旺季交替，只有以积极的心态引导消费，创造消费，方能走出销售淡季，提升销售业绩。

调整销售人员的售点位置

调整促销员的售点位置，将有能力和忠诚度比较高的促销员调换到销售潜力大的售点，对没有能力及上进心不强的导购调到销售潜力小、竞争环境相对宽松的售点，或者直接淘汰。

调整销售人员的考核指标

淡季不仅是市场最萎靡的时候，更是士气最低迷的时候，想要抓住淡季的市场机会，最重要的是如何激励一线销售人员。

多数企业在销售人员的考核当中，主要考核销量。如果在淡季时对销售人员不加以调整或者激励，销售人员怎么会有动力？

扩大市场占有率要求我们对于销售工作的考核应侧重于考核能促进市场占有率提升的几个关键因素，比如新开发客户的数目和新增加的销量两个指标。相对而言，前者是淡季考核的重点，因为它能更合理地将员工的经济利益与企业的短期市场策略目标结合，毕竟在淡季，销售人员可以在新开发客户数量上作出成绩来，但在销量上却很难有所突破。顺着这种思路，我们可以将产品品类完整性、老客户维持率、新客户开发率、客户的满意度等指标作为销售人员的淡季绩效考核指标。同时还可以达到调整销售人员淡季工资，激励他们的工作热情的目的。

定期对销售人员的综合表现进行评估

定期对销售人员的综合表现进行对比和评估，评选出销售业绩好、综合表现好且能够响应公司政策的优秀个人，从精神上和物质上对销售人员的工作给予肯定。这样不仅是对优秀销售人员工作的肯定和认可，也会起到连带作用，逐渐带动大部分销售人员的积极性。连续几次评估都不合格的员工可以考虑将其调动岗位或辞退。

还可以定期进行市场调查。人都是有惰性的，而发现问题、避免人员惰性出现最好的方法就是进行市场抽查、走访，以确保对市场问题的及时发现以及对销售人员工作的有效监督。

第五节　财务管理

在淡季由于销售下降，企业资金回流减少，但原材料采购、研发费用等支出却有增无减，这就会产生不同程度的资金紧张问题。如何防止企业在淡季发生支付危机，保持现金流动的均衡性，是企业管理人员必须重点考虑的内容。

督促回款

进入淡季后，督促经销商回款成为企业的一项重要工作。企业只有及时收回货款，使资金快速回笼，才能保证企业资金的安全，保证企业利润的真正实现，才能保证淡季里有充足的资金应付各项成本费用支出。

1. 可以制定回款奖励制度，减少应收账款，保证企业资金安全和现金流健康。

2. 企业进入淡季，可以加大回款力度。某些企业把督促回款当做淡季的一个主要任务，由营销人员和法律顾问组成回款小组与经销商充分沟通，将销售资金回笼率提高到95%以上，维护企业财务的正常运转。

收回应收账款的过程中，应该以销售人员为主，以财务人员为辅。在回款问题上，销售人员比财务人员更能发挥作用，因为销售人员与客户熟悉，回款的力度大，而财务人员不容易解决这些问题。一些跨国公司根据其在发达国家的经验，采取由财务人员负责回款的做法在中国的实践效果就不好。

3. 要把回款金额和销售人员奖金挂钩的方式来刺激业绩指标的完成。具体方法就是以实际回款数量作为基数来发放奖金，而不能以合同金额或客户提货金额作为基数。这种政策会促进销售人员重视回款和信用风险，从而减少应收账款和坏账数量。

资金统一调配

对于集团公司来说，其下属有多个子公司或控股公司，当某些全资子公司或控股公司的产品处于销售淡季时，其他的子公司也许正处于旺季之中，因此集团可以通过下属企业的资金调配来平衡子公司淡季资金问题。一般采用设立结算中心或内部银行的方式加以解决。

由于集团掌握了各成员或分公司的资金情况，且重大的原材

料采购、对外投资都需要由集团授权审批，当某个集团成员出现淡季采购资金紧张时，集团便可以首先利用其他子成员的富余资金，既避免了扩大外债规模，又降低了集团总体的存款余额，提高了资金的使用效率。

向厂家寻求支持

可以向厂家寻求的支持包括：增加返款额度，减小阶梯；报销广告基金；重点产品推广的奖励。

激励加盟商淡季进货

某些行业在销售淡季的时候，生产却是旺季，这时就会出现很大的资金库存压力。这时，为了减轻压力企业可以激励经销商在淡季进货，通过价格、促销等各种优惠政策刺激经销商淡季备货，利用社会资源来分散企业的压力和风险。事实上，某些行业经销商淡季打款已成为惯例，如果某个企业不这样做，就会丧失机会。

淡季进货对经销商来说也是有利的，一方面能够取得较低的价格，降低了采购成本；另一方面可以保证充足库存，避免旺季时出现产品脱销的不利局面。同时，淡季备货还有利于维护与供应商关系。

另一方面，企业也要需要注意调控发货数量，不宜要求增大经销商的库存压力。因为当太多的货压在经销商手里时，他们很可能会经不住现金回笼的诱惑，以低价脱手，造成淡季倒货、窜货，导致企业构建的价格体系崩盘，造成的危害很可能超过了这种政策带来的利益。

1. 注重与客户沟通，转嫁风险。企业在旺季结束、淡季来临之际，一定要重视与客户的沟通，对老客户做好前期的销售结算和后续的销售服务工作。应该对客户的返利或奖金进行及时结算，避免客户对企业产生疑虑。同时要做好后续服务工作，淡季客户的需求量较旺季要少，企业应该不分大小、一视同仁，做好送货工作。通过与分销商的沟通与交流以及促销手段的利用，吸引其进行备货。对于经销商来说，资金一般是其发展的瓶颈，企业通过与其沟通交流，宣传在淡季备货的价格优势，并通过各种奖励、促销政策刺激他们积极备货。

2. 通过各种奖励手段刺激小经销商进行备货。渠道商的资金毕竟有限，要让渠道商有一定的压力，又防止了渠道商组织竞品，同时也减少了自己现金流的压力，两全其美。空调行业在淡季要求代理商、经销商打款订货的做法，也和这个原因有着很大的关系。在实际操作中，大家都习惯于针对代理商、经销商实施政策性压货，在把他们的仓库压得满满的以后，就以为万事大吉了。这种做法其实无异于饮鸩止渴，因为市场情况一旦出现意外，代理商在卖不出货的情况下会使得整个市场崩溃。那么要怎么做才能达到既向经销商压货，又能避免这种情况发生呢？可以向每级渠道压货并把压货对象的重点放在分销商身上。某公司就是采用给代理商少量折让促销而加大对分销商促销力度的方式，通过买产品送微波炉等赠品让那些平时只愿代销的分销商提前把钱打到了公司的账户上，这样在旺季还没有到来之前就稳稳当当地把货压进了代理商和分销商的仓库里，既提高了代理商的积极性，又达到了有效分销的目的，大大缓解了代理商的压力，维护了市场的稳定。

第四章 终端销售市场管理:抢减量增销量

ZHONGDUAN XIAO SHOU SHICHANG GUAN LI QIANGJIANLIANG ZENGXIAOLIANG

第一节 做好市场基础工作

淡季市场上的竞争相对而言不是那么激烈，营销人员不必整日在市场上为了应对和打击对手疲于奔命，也就有空腾出手来做好市场的基础工作，比如进行用户调查。淡季的购买者通常是产品的忠诚消费者，前期和消费者建立良好的关系，抓住这些消费者会使品牌维护得以进行，并对实现最终的旺季销售非常有帮助。

市场调研

市场调研是每一个企业都必不可少的一项重要工作，但什么时候开始市场调研却有学问。如果是旺季进行市场调研，根本没时间。即使调研了，再临时调整经营方向，也会大大影响正常的经营活动，甚至可能事与愿违，因为旺季可以有调研的意识，但千万不要把时间和精力放在市场调研上，因为正常的经营活动还忙得不可开交，如果要真投入时间和精力调研，那就是专家学者的事了，而不是企业家和企业员工的事情。企业调研应放在淡季进行，这时调研不仅有时间，而且员工和领导都有精力来进行调研。此时进行调研不会影响正常的经营活动，而且调研工作可以得到员工的广泛参与，对下一步工作将有最直接的效果。此外，调研后，企业可以组织大家进行研讨，写出调研报告，通过对自己工作的总结和对未来、对市场、对竞争对手的彻底调查了解、吃透市场，在下一个旺季到来之际，对经营工作有的放矢。

1. 时间的选择上，调研时间应放在上一个旺季刚刚结束，淡季刚刚来临之际，这时大家对刚忙过去的旺季经营活动记忆犹新，旺季经营活动信息还都存留在大家的记忆里，这时组织大家进行研讨、沟通市场信息再合适不过了。因为大家可以把刚刚过去的旺季经营活动做一番认真、全面的回顾、总结、分析，这对了解自身、了解市场、了解竞争对手、了解顾客都是有益的。有的企业，在旺季一过进行的活动要么是无情的裁员，要么是沉浸在欢乐的庆功之中，给员工放假远游。这样的做法都不妥，对未来的工作不利。

2. 调研内容在时间段上划分为过去的、现在的、将来的、连续的全部市场信息，从对象上来分可分为顾客信息（顾客群体的构成、顾客群体的发展走势、顾客的需求特点等）、企业经营能力分析（包括企业的人员结构、行业地位、经营规模、经营优势、财务状况、现金流量、经营方式、品牌影响、存储能力、风险度量、企业发展走势等）、合作各方状况分析（包括上下游相关企业的整体状况、发展走势、可以发展的合作伙伴、产品特点、服务的特色、信用和信誉程度、潜在的风险分析等）、竞争对手的分析（竞争对手的关联程度分析、竞争对手威胁程度分析、竞争对手的优劣特性分析、竞争对手的发展趋势分析、潜在竞争对手的预测、整个市场状况的发展走势预测）、市场环境分析（含行业政策分析、税收政策分析、政策变化带来的市场变化、行管人员的变化的影响、合作单位的信用状况分析等）。

3. 调研形式可以灵活多样，要具体情况具体处理，可以是总结研讨会，可以是员工深入原有客户做客户回访，可以是间谍性的探听市场情报和竞争对手情报以及合作各方的服务状况，可以做大众市场调查、征询社会大众对广告产品的信息反馈，可以召开联谊研讨会，可以召开行业记者会，可以召开行业战略联盟发展研讨会，可以委托社会专业调查机构对行业、对企业的产品和服务进行专项调研，让一些与自己经营管理活动的各主要相关人员对企业的经营管理提出征询意见及发展的建议，可以借助各种媒体搞多种多样的客户及市场调查活动，可以委托相关的专家对企业的发展写出行业调查报告以及企业发展计划书。

需要注意的一点是，不论何种调研形式都要有计划、有组织、有目的地进行。活动要做到有记录，并有专人形成调研报告，切忌虎头蛇尾或走形式。参与调研的人员，包括领导、员工等都只停留在口头上，停留在感性认识的基础上，形不成理性的

专业调查报告，这一点正是大多数企业所欠缺的地方，原因是有些领导没意识到一份高质量的调查报告的重要性。有些领导只是把调研当做一般的活动形式，根本认识不到调研工作的重要性。有些企业领导也很想有一份高质量的调研报告，可就是心有余而力不足，领导本人有的会讲不会写，企业里没有人能够写出来，或有能力写的人对全局不了解。而且，调研报告不是领导决策方案，它只是决策依据，是用来为领导决策服务的。有些企业这些工作也都做了，最后把调查报告当成摆设束之高阁，或拿出来参加各种各样的评奖活动，或公开发表，以求取名利，其实这都是违背调研的真正初衷的。调查报告是花费了大量的时间和心血才形成的，是一份绝密文件，怎么能置之不理或拿去公开发表和评奖呢？这是对自己劳动成果的不重视或亵渎，是不知道市场调研的重要作用。

加强渠道管理

淡季的渠道策略无非两方面：一方面，在淡季，销售波动较小的渠道应该得到强化；另一方面，针对产品特点，开发新的渠道，拓展淡季销售渠道新亮点，适应产品的淡季销售，一些企业注重开发区域市场，强化批发渠道和终端渠道，成功实现了销售无淡季的局面。

利用淡季，企业中高层经理应该集中拜访客户或者经销商，或者召开经销商会议，总结旺季的营销工作，倾听经销商对企业产品、营销政策和企业销售人员的建议，作为企业制定今后营销政策和人员调整的依据。同时，还可以通过这种沟通来密切双方的关系。如果企业要在下一个旺季推出新产品、推行新政策，更应该在淡季中与主要经销商协商，获取他们的支持，这对下一个旺季工作的成败影响很大。

在旺季，很多企业只顾对经销商快马加鞭，很少有空闲时间从渠道内部与外部来认真调查和评估所选择的每个经销商布局是否合理，渠道的管控是否到位，渠道企业是否忠诚等。进入淡季，这些问题到了必须解决的时候——如何让渠道保持足够活力、如何解决零售商赊账、如何培育、提升经销商以及如何挖掘开辟新的销售渠道等等。淡季是对网络布局进行规划和调整的最佳时机，因为厂家有足够的时间与精力应对，对于因终端渠道进行调整而产生的动荡，也有足够的时机进行补救。

盘点客户

淡季是盘点客户的大好时机，营销人员最重要的任务就是建立客户档案。比如对大经销商来说，可以将现有的客户按在通路中的角色不同进行分类，如分为批发、商场、零售点以及特殊通路（学校、车站、码头等）。然后在电脑里建档，定期盘点客户。为了对市场进行更细致、更全面的了解与掌控，需要根据客户级别、客户关系、开发程度等进行二次分类，以明确客户管理工作的重点和薄弱环节，整理市场拓展计划。

通过客户盘点，还可以帮助销售人员发现一些平时容易忽略的销售机会，比如学校边的终端有着特别的淡旺季，在学校即将开学之时，提早卡位、排挤对手，对旺季的销售更有帮助。

测试消费者对产品价格和价值的接受度

消费者在淡季往往会对产品的价格更加敏感，因此这恰恰是

进行产品价格和价值接受度测试的最好时机。测试消费者对新产品和价格的接受程度，以备在旺季到来之时进行大规模的全国推广活动。如果消费者在淡季能够接受你提供的新产品、接受新产品的价格，那么新产品在旺季的营销活动就相对简单多了。一般来说，淡季开展测试营销，风险比较小，不会对企业原有的产品组合造成特别大的影响。同时，渠道、广告和物流上的成本也相对要低很多。

图 8　零售行业的销售现状不容乐观

消除旺季未发现的隐患

在销售的旺季，渠道成员的矛盾冲突问题通常会因为利润丰厚而被掩盖，一些有潜在隐患问题的渠道中间商在淡季会因为对经营上和财务上的现金流或者利润等状况不满意，常常变得浮躁，自然更加容易激化矛盾，以前的隐患问题也就逐个浮出水面。

再加上，商家害怕渠道变动引发销量上出现问题，产生大幅波动，影响旺季销量，于是在销售旺季中有的问题一直遗留下来。相反，淡季则正好有时间、有精力去搞市场建设、实施流程再造等，风险当然是降到了最低。更重要的是，比较惨淡的经营正好可以成为变革的推动力。淡季正是对市场网络进行调整和变革的最好时机，商家可以有更多的时间投入到网络调整和建设方面。

第二节　顾客策略

近来，虽然有很多企业也开始关注淡季，希望在淡季中有所作为。但是，如何在淡季营销中获得成功，又是令众多管理者头痛的事情。要想做好淡季，首先得找准目标顾客策略，因为每个营销活动的成功，首先与其正确的目标顾客策略是分不开的。淡季营销也是如此，首先要弄清楚营销活动针对的是哪一类顾客以及针对这类顾客要采取什么样的策略，只有如此才能进行下一步营销活动的实施。

目标顾客策略有两种，维持原有顾客策略和占领新顾客策略，淡季营销的顾客策略也应该朝这个方向进行。

图 9　众商家用促销方式吸引消费者

老顾客策略

1. 维持忠诚度策略。淡季取势，一定要做好维护现有顾客的工作。这句话对于很多企业来说都是很适用的。因为，在经历漫长的淡季之后，很多产品很容易被消费者遗忘或者淡忘，特别是对于一些还没有深入人心的产品，更是如此。在这种情况下，企业就有必要做一些宣传活动或者是开发一些新型产品，让客户不至于忘掉你。

为了维护顾客忠诚度，对于一些有充足资金的企业，可以进行一些必要的宣传活动。即使是市场的领导者，也很有必要如此，因为在淡季被市场的挑战者成功翻盘的行业巨头也屡见不鲜。百事可乐公司的营销负责人说：“即使是在淡季，我们也从来没有停止过广告投放。可乐产品属于‘受消费者冲动驱使’的产品品类，我们必须维持在电视媒介的基本曝光率，淡季广告投放能够提升销售量。”

市场领导者需要宣传来维持顾客的忠诚度，市场挑战者更要如此，在淡季中更要投入广告宣传等活动。Henkels 公司的营销总监说，像我们这样的行业挑战者的广告花费通常比较高，行业领导者大概把销售额的 10% ~12% 用于广告宣传，而我们则达到了销售额的 20% ~25%。在淡季通过广告和公关活动建立品牌资产、增加品牌附加值，可以使公司在市场情况好转时，快速脱颖而出。

然而，企业应该进行理性的宣传活动，不能盲目。营销类教科书认为，在淡季品牌一定要保持广告宣传，这样，当旺季来临之时，品牌将赢得很高的品牌回想率（Brand Recall）和大脑占有率（Mindshare，或称注意力占有率）。这句话并没有错，但是，要考虑到成本与收益的问题。

珠宝品牌 Oyzterbay 的 CEO VasantNangia 说，基本上没有哪一个品牌可以负担得起在淡季为了增加曝光率而加大的广告投入，实际上很多国际大品牌正是陷入了这样的营销陷阱当中。营销人和管理者必须认真地审视企业所处的市场地位和企业的能力，决定是否在淡季维持或增加广告投入。

对于营销预算紧张的企业，企业也可以在广告宣传上节约开支，只通过新产品的推出来吸引消费者的注意力。钟表品牌 Timex 在 2002 年的淡季共推出了 200 个新款，主要针对的是对潮流非常敏感的消费者。希望通过推出新款式，留住企业的一些对潮流比较敏感的顾客。时尚、高科技的设计和合理的价格，使得 Timex 产品的销量同比 2001 年增长了 30% 左右。

2. 挖掘消费潜能策略。淡季旺销，不再是神话，而是真真切切的现实，已经有越来越多的企业在淡季中实现了旺销，甚至有少数企业在淡季比旺季的销售量更多。顾客的消费潜能是无限的，挖掘老客户的消费能力是企业在淡季制胜的一个有效法宝。

要达到淡季旺销，有两招：

其一是传统的促销手段。东北某市的一家饮料企业A公司就通过促销，在12月大雪纷飞的冬天，成功地实现了旺销。因为，当时是大冬天，竞争者对前沿市场关注弱，受到竞争者的阻力也就较小。再加上，12月至次年1月，对饮料来说是淡季，但是对礼品市场却是绝对的旺季，其中商机无限；这两个月是节日最多的时间段，如圣诞节、元旦、春节等。A公司就想出了一个大胆的促销计划：喝生命水，送超值美钻！促销活动的中奖率高，消费者不用多次购买就可中奖，消费者感到了绝对超值，让竞争对手不能快速模仿。促销活动的方式有以下两种：第一种方式是在消费者中抽取100个获奖者，每个获奖者赠送1枚钻石；第二种方式是消费者每购两箱生命水，即可获得价值800元的代金券。以上两种方式都在限定时间内结束。由于A公司是通过厂家直接拿货，高达1000多元的钻戒实际成本却很少。活动一推出，引起了广大新老客户的踊跃参与，A公司在这次促销活动中取得了惊人的成绩。终端产品销售近3万箱，平均每月1.5万箱，且有上升趋势；大经销商发展为6家，终端客户达1000家（此前，企业原有的终端客户不足200家）；生命水淡季的销售量已达旺季月销量的20倍。

另外一招是新产品策略。

尽管，对于老客户来说，公司原有产品在此时是淡季，但是公司完全可以找到新产品，这既可以维持品牌忠诚度，也可以为企业带来又一个利润增长点。

雀巢公司（Nestle）刚刚开始在印度销售巧克力时，因为受印度热浪滚滚的高温天气和恶劣的分销渠道的影响，一年中超过9个月都是淡季。巧克力在没有空调的小店铺里出售，而且直接暴露在太阳底下，商人们开玩笑说，雀巢巧克力最终被当做饮料出售了。雀巢印度公司主席兼总经理 Carlo Donati 因此受到了启发："如果我们的巧克力最后都变成了液体，那我们为什么不直接卖液体巧克力呢?"雀巢印度公司随即推出了一款名为"Choco-Stick"的介于巧克力块和饮料之间的液体巧克力产品。两年后，Choco-Stick 成为了印度市场上成长最快的巧克力品牌，占据了印度1.52亿美元巧克力市场的1/10。A. C. 尼尔森调查公司说，2002年印度共消费了2.2万吨巧克力，消费量正以10%~12%的速度增长，快于全球畅销品市场的增长速度。雀巢公司开发的 Choco-Stick 在印度巧克力市场漫长的淡季中成了销售明星。

还有一些啤酒厂商在寒冬的淡季推出了"暖啤"、"红枣啤"、"姜汁啤"等；而一些饮料厂商则推出了"煮饮料"、"煮热露露""煮姜丝可乐"，喝"热椰汁"，"大瓶策略"等，这些别出心裁、挖掘消费的新产品，都着实让一些企业火了一把。

新顾客策略

1. 追踪顾客策略。有一些产品，随着时间、环境的变迁，原来的淡季也可能已经成为潜在的旺季了。这是因为，随着时间、环境、收入等因素的改变，原有的顾客群已经饱和，或者是又有新的顾客群出现，这种事情是常有发生的。而在此情况下，企业如果没有意识到这一点，仍将原来的淡季当做淡季轻视，很有可

能就会错过产品销售的大好良机。

这就要求企业应该随时关注市场的变化，捕捉消费者需求的变化，对目标顾客进行跟踪，分析新的消费需求，也只有如此，企业才能时刻把握市场机遇。

方正电脑淡季旺销的成功，就是一个很具有说服力的例子。2002 年，方正电脑突然开始了春季攻略，整个方正家用电脑春季促销活动涵盖 29 个省级城市，足迹遍及数 10 个二、三级中小城市。当时，在很多人看来，方正家用电脑春季促销属于逆市而动。因为，根据电脑厂商的思维定式，每年的暑假和寒假是家用电脑的两个销售旺季，两者中间是漫长的淡季，很多厂商已经习惯按照这种节奏发布产品和市场推广，而对国内家用电脑市场已经发生的深刻变化缺乏真切体验和应对部署。方正这一决策的依据来源于真实的数据以及敏锐的洞察力。早在 2002 年初，来自方正电脑公司市场第一线的统计数据就说明了一个趋势：近年来随着家用市场逐渐走向成熟，家用电脑用户的主体已经不再局限于学生，企业工人、公司职员、机关干部、科研工作者、教育工作者等越来越广泛的社会群体正在成为家用电脑市场的消费主体，他们大多根据需求随时采购，并不仅仅拘泥于寒假或暑假；与此同时，只要厂商主推的家用电脑新产品代表主流配置与价格，就会被市场很快接受，不必再经历漫长的用户教育和市场培育时期。因此，方正认为家用电脑的营销战略需要突破以往，春季促销将能够满足市场涌动的需求。

方正电脑敏锐地把握住了这一市场趋势，并以相对较低的生产成本为消费者提供了更丰富的选择，让消费者在一年四季中的每一天都轻松享用信息技术的最新成果。这不仅符合用户需求，符合市场发展规律，更符合方正科技电脑公司所倡导的家用电脑

“大易用”的新潮流。

由于方正电脑把握住了消费者需求变化，在众人都认为的淡季，并且在电脑销售已开始走下坡路的情况下，出其不意地取得了辉煌的成绩。结果，2002 年第一季度，方正家用电脑取得了同比增长 55% 的优异业绩，其中，中小城市市场增长更高达 80%，这一切都得益于企业制定的全新营销策略，从中小城市寻找到了源源不断的市场动力。

2. 抢夺竞争者的顾客策略。在销售淡季，大部分企业都放松了对竞争对手的警惕。其实如果企业在此时能够有所活动，往往能够收到奇兵之效，起到事半功倍的效果。特别是新产品进入市场，或者是开扩新的市场，以及市场领导者向挑战者发动进攻，选择在淡季既是挑战，也是机遇。如果对这种情况处理得当、进展顺利，往往能够一招制胜。

TCL 王牌彩电逐鹿中原，成功占领郑州市场的事例可谓经典。从 3 月的郑州十几家媒体组成的新闻考察团进入 TCL 郑州分公司为其宣传造势，到 4 月密谋策划的第 13 届洛阳牡丹花会，这个看似与彩电风马牛不相及的活动，再到 5 月的暗度陈仓，利用报纸、电视等传播工具大肆宣传。仅仅经过了短暂的几个月，TCL 就在这块新市场取得了销售近 3000 台大屏幕彩电和年底近 4000 多万元的收入，这些骄人的成绩都是在销售淡季完成的。

TCL 的成功显示了淡季是开拓市场的好时机，奥克斯乘“虚”攻陷对手大本营的成功，更是一个好的证明。

广东市场历来是本土品牌的强势市场，因为在广东拥有格力、美的、科龙、格兰仕、华凌等诸多全国名牌以及一些以区域市场为主战场的地方小品牌。由于几大品牌的精耕细作，同时又受许多区域消费心理因素的影响，长期以来很难有外来品牌敢在

广东市场有什么大的动作。广东的空调品牌在广东市场只注意研究本地品牌，十分自负地轻视外地品牌，对它们很少有防范心理。而奥克斯正是看到这一点，决定要虎口夺食。他们认为，如果要很好地配合奥克斯的全国战略，那么攻下广东市场将会牵制对手，从而有利于企业资源在全国市场的调配。于是奥克斯在内部打出的“打到广东去，解放全中国”的誓师口号，开展了十分缜密的“攻粤计划”。10 月“一分钱空调”攻势让竞争对手措手不及。2003 年 2 月奥克斯的借“中巴之战”进行强势广告宣传，聘请罗纳尔多进行产品代言。这些猛烈的攻势，更是让本土大亨头痛不已。一时间，在竞争者的大本营中到处都是奥克斯的声音。在空调淡季结束后，2000 万元的赌注换来了奥克斯在广东市场销售收入突破 4 亿元的佳绩，并使奥克斯一跃跻身进入当地空调排名前五强。

小帖士

淡季如何赢得更多的消费者

淡季，消费者少了，购买自然就少了。企业在淡季时应采取何种营销策略，才能赢得更多的消费者？这是一个大家都感到困惑的问题。我们认为，可以从下面三方面来影响消费者的购买行为。

1. 满足淡季的消费者。淡季的消费者通常是产品的忠诚消费者，抓住这些消费者会使品牌维护得以进行，并对实现最终的旺季销售非常有益。

2. 扩大淡季的消费者。在产品销售淡季，如果能减少淡季销售制约因素的影响，通过赋予产品新功能、新用途，开拓新的销售渠道，寻找新的消费群体，开拓新的区域，也能减弱淡季的影响。

(1) 赋予产品新用途、新功能或开始新的区域。

(2) 通过促销活动吸引新的消费者以及扩大单次购买量。

(3) 通过营销公关活动增加体验产品的机会。

(4) 洞悉消费趋势变化，营造新购买时机，引导消费。

3. 影响旺季的消费者。由于淡季的消费者往往是旺季时的重度消费者，因此，通过影响淡季消费者，能够促进品牌忠诚。此外，由于消费者的购买行为有信息收集及决策的过程，因此，在淡季时将产品信息进行有效传递，也能促进消费者在旺季时的有效购买。可采取的措施如通过营销公关活动进行品牌宣传、终端促销等。

这种促销不只是简单地以“销”来实现利润，而是以“促”品牌推广为重点，此时的“促”除了增加现在的消费力之外，更重要的是为了旺季做好品牌推广。此时淡季的促销费用已与旺季时相当。

促销的目标是通过有奖销售形成市场拉力，而对通路促销则可激励通路的销售热情以形成市场推力。这样的销售结果显示，在淡季中产品销售量与旺季的销售数量基本持平，不仅实现消费者在淡季的习惯性购买，还抑制了竞争者乘虚而入。

第三节　经销商策略

很多行业传统的经销方式是商品经生产企业到一级经销商，然后经过二批进入终端或者由经销商直供终端。很多时候，这种经销方式根本不能做到对终端市场的快速反应、信息收集和有效管理，而现在早已到了决胜终端的时代了。旺季经销商都忙于经营和管理扩大销售额，而淡季经销商积极性普遍的因市场销量的下降和销售态势的下落而表现消极。所以企业如何能在淡季提高经销商的积极性，促进合作，是很多经销商关心的问题。这就需要在淡季深入开展客户的管理工作，从而树立经销商的积极性和专一性。

下面是深入管理经销商时要注意的几个方面。

在淡季要帮助经销商分析形势，明确目标，树立信心

1. 帮助经销商做好市场调查，通过对终端各因素的综合分析，明确淡季市场的需求结构是如何变化的、公司产品可能受到影响、公司产品做到淡季不淡的可能性，使经销商对市场的变化有深入的认识。

2. 按旺季的要求确定淡季拟达到的销售目标，并将这些目标分客户、分产品进行分解，评估这些客户、产品的自然销售目标，让经销商对销售目标有一定的认识。

3. 企业销售人员应该树立“只有淡季的市场，没有淡季的思

想”的理念，销售人员帮助经销商进行目标分解，使之明确其淡季市场增长点在哪里，消除经销商的各种顾虑，全身心地投入销售。

在做这些工作的时候，一定要落实执行，很多时候政策和管理体系有了，但很少能够执行下去，这也是各经销商工作时应该注意的。

在淡季帮助经销商开发二级商和终端零售点

销售淡季，开发二批和终端，在短期内对销量不会有大的影响。如果有数量多、质量好的二批和终端，一旦市场升温，销量定会刚性增长。销售淡季，是开发二级商和终端零售点的大好时机。给经销商开发更多的二批和终端，使经销商对淡季过后的销售旺季增强信心，从而稳固经销商队伍。

1. 目标对象：优秀的经销商和终端。

2. 开发计划：每月制订开发计划，包括区域、走访数量、开发数量；每天工作计划，包括行程计划、开发数量等。

3. 分析与考核：定期召开例会，汇报二批和终端开发进度、存在的问题和成功经验，区域经理对每个销售员的表现进行点评；每月底对当月开发计划达成情况进行考核，奖优罚劣。

对于开发计划必须要有硬性指标，因为经销商注重的是结果，有了市场和二批，才能树立对企业的信心。

针对经销商的培训

经销商在销售旺季，每天需要做的事情很多，一般没有时间接受系统的培训和学习，经营方式以粗放形式运作为主。公司可

以利用销售淡季，组织经销商到公司，聘请专家教授、公司领导就经销商出路、经销商与厂家如何分工协作、公司销售政策与下一步战略规划等专题对经销商进行培训，提高经销商的经营意识、经营态度和经营能力，以提高经销商的专业知识和驾驭市场能力。

组织商旅和其他活动

现在很多企业都组织这一类活动。有的企业将这一类活动变相为将费用以直接形式发放给经销商。本来这一活动是丰富多彩的，由于企业的操作太过于单一化，使得一些经销商相互攀比，对于发放费用少的企业不以为然，甚至怨声载道，这使得企业所支出的费用无任何效果。我们可以将这一活动组织得更有意义，应维系企业与经销商的感情纽带，换一种氛围深层次地与经销商探讨工作、业务中存在的问题及解决办法。由于在平时工作中牵扯互相的利益问题，使得一些问题无法得到全面沟通和解决。利用销售淡季，培训结束后，组织经销商到一些景点参观旅游，搞一些娱乐性质的活动，委派公司的专职代表带队，专门收集经销商的意见和建议，在活动中商讨问题便会有不一样的效果。这样做可以增加经销商对企业的信任，并从内心对企业的大力支持表示感谢，进而增强经销商对企业的忠诚度。

做好旺季市场销售计划

企业也可在此段时间里与经销商共同调研市场的品种架构，对于销售不畅的品种、经销商不愿销售的品种要认真分析其原因，针对弱势品种在此时段进行淘汰和弱化，进而推陈出新，与经销商制订详细的、周密的销售和促销计划，抓紧时间把新品铺货，先人一步抢占市场；做好基础工作，营造旺季的销售态势，为旺季的畅销奠定基础。通过调整产品结构、调整企业的营销策略，企业也等于给经销商注入一针“强心剂”，促使经销商对旺季更加充满信心和希望，从而锲而不舍地与企业共同发展。

忠诚的经销商、稳定的市场，才能开拓更为广阔的市场，企业才有在旺季到来时旗开得胜的把握。

第四节　调整市场

做好了淡季市场的基础工作，制定了对消费者和经销商的策略，我们就可以进行调整市场的工作了。

寻找淡季新的消费群体

关于将梳子卖给和尚的故事一直广为传颂——

有四个人接受任务，到庙里推销梳子。第一个人空手而回，说到了庙里，和尚说没头发不需要梳子，所以一把梳子都没有卖掉。

第二个人回来了，卖了十多把梳子，他介绍经验说，他告诉和尚，头要经常梳梳，不仅止痒，还可以活络血脉，有益健康。念经念累了梳梳头，头脑清醒。

第三个人卖了百十把梳子。他到庙里去跟老和尚说：您看这些香客多虔诚呀！在那里烧香磕头，磕了几个头起来头发就

乱了，香灰也落在他们头上。您在每个庙堂的前堂放一些梳子，他们磕完头可以梳梳头，会感到这个庙关心香客，下次还会再来。

第四个人卖掉好几千把梳子，而且还有订货。他说他到庙里跟老和尚说：庙里经常接受人家的捐赠，得有回报给人家，买梳子送给他们是最便宜的礼品。您在梳子上写上庙的名字，再写上“积善梳”三个字，说可以保佑对方，这样可以作为礼品，谁来了就送，保证庙里香火更旺。

在发掘新的消费群方面，“将梳子卖给和尚的故事”让人深受启发，这个故事告诉了我们可以通过不同的渠道将产品卖给目标消费群的方法。

开发新的渠道

在销售淡季，尽再大的努力也只能从一条干毛巾上拧出一滴水，我们要多榨出几点水出来就得寻找新毛巾，也就是开创新的渠道开源引流，当新的渠道给销量带来新的增长以后，我们才不会老是把时间浪费在那条干毛巾上。那么，渠道创新又该从哪些方面入手呢？

第一是借船出海，借用其他处于销售旺季的公司的力量来实现销量的提升。当你的产品处于淡季的时候，可能其他行业的产品正处于销售的旺季，对于这些正在大搞特搞促销的公司来说，我们可以把自己当做他们搞促销所需赠品的供应商，从而开发一种新的团购渠道。

其次，从消费者购物渠道的相似性出发重新设计流通渠道或是发掘新的消费群，也是新渠道开发的一种好办法。当你认为消费者只会在某些地方买东西的时候是否想过他们也有可能乐意在其他地方买到你的产品呢？

最近卖得非常火爆的好记星就给渠道规划者上了一课。当别的同类型的电子产品在商场和电器城火拼的时候，他们在渠道开发初期就把货放在书店里销售，从而大获成功——在没有竞争对手的地方抢客，消费者除了买好记星没有别的选择。这种根据消费者购物渠道的相似性来开发新渠道的方法可以称得上渠道创新的经典之作了。

开发新市场

企业应该有大营销的气度，在淡季时未雨绸缪，寻找新的机会点与增长点，为旺季做好准备工作。新的机会点与增长点来源途径有二：一是对原有市场的渠道进行改造与创新，这点我们在前面已经提过了；二是新市场的开发，这也是我们努力的方向。

当区域市场上的消费需求达到一定限度无法增长时，企业扩大市场范围将增加消费者需求，在淡季则更有利于企业进行策略上的调整。

企业选择在淡季开发新市场，主要是因为淡季绝大多数竞争品牌处于宣传休眠期，对市场的管理工作减弱，在广告宣传上的投入也减少了。选择此时进入，市场上的干扰信息较少，有利于企业占领渠道和品牌形象的建立，市场的扩大会带动销售业绩的提升。

某大众消费品生产企业，产品淡旺季分明，主要是该企业注重开发城市市场和开拓批发商单一渠道，结果销售额忽高忽低。后来企业改变策略，在销售淡季开发新的销售市场和销售渠道，

强力开发城郊区市场，进行店铺和零售终端销售，最终企业实现销售无淡季，销售额连年攀升。

开发新市场的一个有效策略就是深挖周边市场。对不少中小城市区域性购物中心而言，光靠商品来吸引周边客流是不够的，必须创建一个优良温馨的城市逛店购物氛围，但这单由商家各行其政是达不到效果的。此时当地政府在宏观管理、微观引导的主导作用就显得很重要。政府应在提升城市吸引力、优化本地商城购物的附加值、营造优质的逛店氛围和购物环境上发挥更大作用。因此政府有关部门应统一协调，实施“走出去”策略，在大力推广旅游业的同时，也应重视本地零售业的推广，这不仅有利于提升当地旅游城市的形象，也有利于提升本地整体的商业形象。菲律宾有个购物周，吸引了国内外游客纷至沓来，这也是因为菲律宾国家旅游局、境外局等国家行政部门的大力推广，才有了今天这种繁荣局面。因此淡季期间，商家也应改变单干的局面，做好政府公关工作，力请政府为自己谋划出力。

及时转移市场重心

实际上，企业所认为的淡季往往只是某一区域的淡季，而非所有市场的淡季。我国幅员辽阔，整个世界的版图更大。因此，当所谓的淡季到来时，我们完全可以进行市场转移，去寻找适合产品的市场，甚至进入国际市场。例如夏装，当我国的北方逐渐进入寒冷的冬季时，东南亚却阳光明媚，此时如果将销售重心进行转移，无疑会柳暗花明。

如果再仔细研究，即使是同一个市场也会有所差别。如果我们认真研究产品在不同市场区域的淡旺季差异，分析其在不同销售渠道上的淡旺季差别，采取开拓性的营销战略，淡季负面效应将被降到最低限度，奇迹就会发生。

一个产品如果旺销因素消失，正常的销售渠道就会萎缩，但同时另外一些销售渠道却会成为新的机会。所以，我们要跟随消费者的转移，进行市场重心的转移。

产品的淡旺季在不同地区有不同的时间段。有些产品在南方出现淡季时，在北方可能才开始进入旺季；在国内进入淡季时，可能在国际市场会出现旺季；在城市市场进入淡季时，可能在农场市场会出现旺季；在店铺和零售进入淡季，可能在火车站、旅游景点等地方进入旺季。因此，我们应面对不同的市场情况，准确把握市场需求，适时转移市场重心。

第五节　寻找新的销量增长点

有些企业在采取了开发新渠道、开拓新市场等措施之后，产品销售的淡旺季仍然十分明显，这就造成了企业经营资金周转时间的延长、人力资源周期性闲置、设备利用率降低、原材料和产品库存时间增加等问题，严重地影响了企业的效益。在这种情况下就必须考虑在充分利用现有生产设备、场地、销售网络等的基础上，根据协同效应的原则，对产品结构进行战略性调整，开发出“淡季不淡”的适销系列产品。产品结构调整战略不应该是企业的权宜之计，而是关系到企业生死存亡的根本大计。有许多产品的市场寿命周期是很有限的，新技术的产生、成本的降低和功能更好的产品的出现都有可能使企业的现有产品不仅失去销售淡

季，而且失去销售旺季。如果一个企业没有连续的、长远的产品开发和产品结构调整战略，它就有可能在某一天失去整个市场。所以我们要根据消费者需求方面的差异，把整个市场分为若干分市场，通过对分市场的研究，找出最有利的潜在机会，开发新产品，调整产品结构，争取在旺季时销售有重大突破。

销售淡季产生的一个主要原因就是产品无法满足消费者的现实需求，因此增加产品的功能就可以满足消费者的市场需求。

小帖士

淡季是否推新品

通常情况，新品都是旺季或旺季之前一个月上市，希望借助销售旺季促进产品的销售，加快新品抢占市场的速度。但实际上，淡季推新品也有不少好处。

首先，淡季推新品可作为一个检验市场的程序。该新品的卖点够不够好，消费者是否能接受，产品定位是否明确清晰，这些都需要在市场中检验才能见分晓。如果产品的款式或是定位都不太适合市场需求，经销商可以及时将情况反馈给企业，在旺季来临之前将最佳的产品呈现在消费者面前。

其次，淡季推新品干扰较少，其他商家都在消化库存，而对消费者来说，新鲜的产品总是更能吸引他们的目光，在众多老产品中，新品的出现便有“鹤立鸡群”的效果，让消费者在更短的时间内对新品有初步的认知，为旺季的到来打下基础。

但值得注意的是，淡季新品的铺货不宜过快过全，而要有针对性地在局部重点市场进行，以免过高的投入与销量严重不成正比，从而造成损失。

第六节　突出长期利益

销量是一个期间指标，即某个期间内的销量，而这个期间是小于一年，甚至只有一两个月。所以，淡季之淡，仅是就短期利益而言，对于企业的长期利益来说是没有淡旺之分。

口碑建立

建立口碑，最重要的就是拉近与消费者的距离，赢得他们的好感。

有效的办法就是通过一些特别的公关活动，提供消费者体验产品的机会。特别是在消费者意想不到的情况下，主动与他们接触，增加他们的品牌联想度和品牌参与度。

Scullers 是著名的运动休闲服装品牌，企业在淡季举办“搜索女装设计师比赛”时每位妇女都有机会报名参赛，自己设计服装、鞋帽和佩饰，并在闹市区专门设立广告亭展示优胜作品。另外，Scullers 还策划过“幸运减肥”淡季促销活动：任何女性只要在公司规定的时间内减去一定的体重，就可以在 Scullers 专卖店得到与她减去的体重比例相当的 Scullers 产品。这些活动吸引了很多女性参加。

品牌营造

品牌营造和口碑建立是相辅相成的，口碑更注重于“与人为善”，品牌则重在树立一种价值观，并传播这种价值观的感觉。

在淡季进行品牌宣传，一方面可以使广告在很大程度上摆脱销售目标的困扰；另一方面，淡季的宣传成本低，品牌宣传效益比高。并且，当旺季来临之时，品牌将赢得很高的回想率和市场占有率。

但淡季品牌宣传也会导致财务负担沉重的营销策略，在短期内无法实现回报。绝大多数品牌都负担不起在淡季的大规模广告宣传，而陷入一种两难境地。相反，对于实力强大、现金充裕的公司来说，他们实际上正是利用淡季进行大规模的广告投入，打造品牌优势，最终将弱势竞争者驱逐出市场。

在同可口可乐的竞争中，百事可乐就非常注重在淡季维持或增加广告投入。对于其他市场挑战者同样必须维持品牌在淡季的广告投放。行业领导者大概把销售额的10% ~12%用于广告宣传，而挑战型企业则达到了销售额的20% ~25%。在淡季通过广告和公关活动建立品牌资产、增加品牌附加值，可以使公司在市场情况好转时迅速脱颖而出。

战略价值

曾经，冰淇淋类企业是很少在除夏季以外的其他时间打广告的。但某个品牌实施的是“反季营销策略”，即冬天开始打广告，春天进入高峰，在夏季逐渐停止的反常策略，无论从成本上还是从效果上，都取得了巨大的成功。这就是具有战略眼光的淡季营销策略。在进入旺季时，产品提前占领了战略制高点。最终这种战略行为演变为一个行业的营销模式，这才是淡季营销的最高境界。

客户关系的维系

1. 培育顾客购物价值感。很多消费者更注重“购物价值感”、“享受型购物”，所以商家应重视购物环境和服务方向的发展。淡季期间，商家有更多的时间和精力来改善购物环境，调整产品结构，推进特色服务，比如从文化促销上来彰显自身的购物环境，利用淡季，推广自己独有的产品和浓厚的文化氛围。这无论在铸造商家的整体形象，还是提升品牌上都很有好处，能让消费者感到淡季购物确实物超所值、舒心畅意、一“购”多得。

2. 推广 VIP 抓高端客户。高端客户一向是商家的主要利润来源，而且高端客户的购买行为无明显的季节性特点，因此加大中高端 VIP 顾客的开发培育力度，提高高端顾客消费频率，是零售业淡季营销的重中之重。因为淡季销量有限，而提高中高档顾客在商场总销售中的占有率，有利于降低商场经营销售成本，提高销售盈利能力，增加商场经营业绩。因此在淡季对客户群体进行有效细分、重点推广，利用 VIP 卡搞好高端客户推广，抓住 VIP 群体，更好地为这部分顾客提供更优质的服务，从而更好地锁定这些目标群体，保证商家在淡季应有的经营利润。

售后服务不打折

如果想让客户信赖你的产品，除了完美的产品、有优势的价格、合理的渠道外，还必须要有完善的售后服务。所以售后网点

的选择也是至关重要的，售后人员的服务意识、网络能力以及同客户的关系等，都不要给销售造成障碍。现在许多经销商在主推经营产品时，赚钱是一方面，售后服务好不好也是他们特别关注的问题。许多强势产品由于售后服务的脱节而失去顾客，也是常见的问题。所以在淡季营销中，不可忽视售后服务。

第七节　淡季营销操作的注意事项

把握区域市场的特殊性

区域市场的淡旺季有时存在很大差别，以春秋装为例，当东北进入冬季的时候，春秋装也就随之进入淡季卖不动了，但是广东地区仍然还是春秋装销售的好时机，并没有进入淡季。由于区域市场存在巨大差别，当企业整体进入淡季时，销售重点就自然要转移到这些淡季不淡的地区。对于占淡季销售总额比例较大的区域市场，公司应继续执行“非淡季”的营销策略，广告该做还是要做。

广告投放时机的选择

淡季要做广告的，问题是在淡季的广告如何做？淡季广告如何与旺季广告衔接好？

淡季广告投放时机的把握，主要要把握好两点：第一是，在旺季开始前的淡季多投入广告；第二是，在旺季结束后的淡季继续做广告。

例如海尔、格力和美的，这三大品牌都是在旺季之前的淡季做广告，而格兰仕空调则是在旺季之后的淡季做广告。具体选择哪种方法，关键是根据企业自身的资源和产品特性，做有针对性地投放。大多数企业在选择广告时机时，不妨这么来考虑：

如果企业的渠道能力比较弱，不妨选择在旺季前的淡季多做广告，这样既可以预热市场，又可以激励经销商提货，弥补自己渠道的劣势；如果在旺季快结束时还有很大库存，不妨再做一段时间的广告，一直延伸到旺季后的淡季，目的是争取延长旺季，消化库存，减少渠道压力，避免成为下一个旺季的负担。

淡旺季的价格应有所区别，以鼓励淡季购买

价格是重要的杠杆，在销售淡季做促销往往采取降低价格的方式进行。对经销商或零售商，企业也有必要在淡季相对压低价格或者给予更多的优惠。

对于有周期性淡旺季的企业来说，其管理的核心是使企业能够弹性、均衡地使用自有资源，一个企业的季节性或周期性太明显，经营的风险就会大，所以管理应该落实在降低风险方面。在具体手段上，可以采取控制成本、改善内部运作秩序等方式。大多数企业在供应链管理、资金管理等方面都有很大潜力可挖，立足于此，不仅能够全面、有效降低成本，还能提升企业整体的管理质量。

还有一种相反的定价策略，产品价格在淡季不仅不降，反而有微幅上升，这是一种寡头市场的默契。淡季小幅涨价，不会影响想要购买产品的消费者的购买决策，厂家却可以增加收入，同

时也把整个价格水平抬高了，为下一个旺季的降价留出更大的操作余地。淡季总量较小，各个厂家之间以降价来相对抗必将得不偿失。我国的寡头企业经过多年损人误己的价格战之后，终于在营销策略上走向成熟。

结合上述两种做法，有这样的现象：淡季时，零售价格可能降价，也可能涨价，但是渠道价格肯定要降价，或者以渠道促销的方式变相降价，为什么呢？这是由消费者与经销商不同的消费行为造成的，前者是自己有需求，而后者在淡季要承担更多的经营风险。

适当开展逆市销售

行业的销售淡旺季的规律会因为行业本身的变化而发生变化，淡旺季规律会发生变化。由于中国市场辽阔，各地市场特点不一样，城市市场与农村市场不一样，当某些地方出现淡季时，其他地方的市场不一定处于淡季，企业应该根据行业发展状态、区域市场特点，及时发现淡季中新出现的市场机会，通过在淡季加大销售力度，有时能够获得出人意料的收获。

规划产品战略，规避企业的季节性经营风险

如果一个企业的产品季节性太明显，企业经营的风险就会加大，这种企业的产品战略的核心应该是开发季节性弱的产品来使产品结构趋于合理。至少，应该使产品的销售淡旺季错开，从而使企业能够弹性均衡地使用营销资源。企业有意识地开发出“错季节”的产品和无明显季节性的产品，可以通过丰富产品结构，既降低企业的经营风险，又能促成企业做大做强。

第五章 坚持适度促销

JIANCHI SHIDU CUXIAO

一些服务性行业通常会受到季节的影响，而造成淡季和旺季的销售差别。在旺季市场情况良好的情况下，虽然竞争激烈，但市场需求大，所以销售仍较顺利，且事倍功半；而到了淡季，则往往花费了大量的财力、物力、精力、人力进行促销仍不见回报，加上同行的竞争，尤其对于刚进入市场的外资企业，在还未获得市场认可和信任的前提下，遇到了季节性销售的滞销期，则更是寸步难行。在淡季该干什么、怎么促销、用什么手段进行促销等一系列问题，成了企业最常遇到且亟待解决的关键。

有一些企业本着“投入和产出成正比”的原则，在淡季大幅

压缩费用，这是一种误区，往往容易使原有的市场份额落入他人之囊，终端目标消费者随即流失，旺季到来时，企业将措手不及，得不偿失。

图 10 上品折扣店是一种常见的促销方式

相反，在淡季保持适度的促销，特别是形成对竞争者强大的促销压力，往往能取得事半功倍的效果。现在一些企业能在淡季坚持适度的促销，就是因为看到了这个潜在的市场机会。

第一节　了解淡季促销

促销是什么

在营销中，广义的促销（Promotion）指的是一切有利于销售的手段，包括广告、公共关系、人员推销、营业推广。

狭义的促销指的是为了增加销量而采取的一系列措施，包括销售部门的促销、渠道（经销商/代理商）的促销以及消费者的促销。

人们通常说的促销指的是消费者促销（以下所说之促销均指的是消费者促销）。一般情况下，促销必须把握两个原则：娱乐性（让消费者感到愉快）和让利性（让消费者感到实惠）。唯有如此，促销才能起作用。

促销怎么做

一提到促销，人们一般都会想到降价、打折、抽奖、买赠、优惠券、贵宾卡，然后就是借星出场、活动造势、户外展销等等。但是细细归纳一下，我们不难发现，指导促销的策略不过这么几招：

1. 乘势：利用市场旺季或者重要节假日，突出自己，吸引消费者。

2. 借势：利用社会高度关注的重大事件，借题发挥，为我

所用。

3. 造势：自己设定议题，吸引消费者关注。

促销的目的

在实践中，促销的目的一般包括如下几方面：

1. 新品上市，吸引顾客。新产品刚刚上市，最大的一道难关就是怎么让消费者尝试购买。要想迈过这一道关，除了进行必要的广告宣传之外，另一种有效的手段就是促销了。

2. 抑制竞争对手，保护市场。当竞争对手进行促销时，其实就是开始向你挑战，企业一定要采取措施应对。

3. 争夺顾客，拓展市场 。

4. 奖励顾客，增加销量。

当市场淡季到来时，厂家就要考虑如何来增加销量了，对于服装业来说更是如此。因为服装的季节性非常强，而且款式是随着时间而流行的。一旦旺季过后还有不少库存的话，就得考虑清仓大甩卖了。

促销，会伤害品牌吗

同样是营销的手段，促销与品牌经营好象是互相矛盾的，总给人一种鱼和熊掌不可兼得的感觉：促销容易伤害品牌形象，做品牌就忌讳做促销。

于是，好多人都有这样一个疑惑：促销，会伤害品牌吗？对于这一点，担心最多的是服装业，因为卖服装主要卖什么？设计与品牌。如果品牌受影响了，服装就没销路了。

实际上，促销不一定会伤害到品牌，这主要看品牌的内涵是什么。譬如，雕牌洗衣粉无论怎样做促销，只要不赔本，它在消费者心目中的地位永远不会变：只买对的，不买贵的；康师傅冰红茶越便宜，买的人越多，因为消费者买的是康师傅冰红茶的味道，而不是康师傅这个品牌给人带来的地位或者说荣誉感什么的。

但是，不恰当的促销不仅会伤害品牌，更可能威胁到整个企业的生死存亡。也就是说，不是所有的促销都会伤害品牌，促销与品牌经营并不矛盾，但是做促销时一定不能违背自身的品牌内涵。

只要把握这一点，策划一场成功的促销活动就非常容易了。当同行竞争激烈的情况下，并遇到销售季节性影响造成的淡季时，应从如下几方面入手：

1. 摒弃传统销售方式、促销手段，不与同行进行正面竞争。同行已先一步进驻市场，在客户心中有其独特的地位和品牌，所以不能和他们同时起跑来争名次。

2. 了解市场的需求情况，利用客户追随流行的心态，重新寻找新的促销手段。既然是新的品牌，就要有新的做法，尽量做到与别家不同，而不是归于传统方式，只有这样才是避其锋芒，创新独特。

3. 降低制造成本，减少销售风险。最大程度地降低生产过程中的成本，从而把风险降低到可以接受的程度。让决策者安心，可以最大程度地支持策划工作进行。

4. 在成本降低的前提下，对产品进行物质性、信息性、利益性、时间性上的创新。

5. 抓住适当时机进行促销活动。

对于淡季促销，我们还强调一点：淡季的促销不需要力度太

大，要“润物细无声”，力求扎实到位。在淡季一旦确定要促销时，应有一个完整的策划案和执行方案。同时，应注意很多环环相扣的细节，这包括所选择的赠品或产品质量、包装等，还包括价格上的支持、渠道铺货上的配合以及卖场促销气氛的生动化营造等。

第二节　正确认识淡季促销

很多企业淡季时，一般会通过下列三种方式度过淡季：

1. 研发新产品，完善内部管理，加强客情沟通、筹备旺季竞争策略。

2. 推出新产品，淡化淡季。

3. 实行反季攻略，利用现有产品在淡季中占据的市场资源，增加淡季的销售量或者获得更多的市场资源，取得市场优势。

从以上的三种方式看，严格地说，前两种方式不是淡季的促销方式，而第三种才是真正意义上的淡季促销。第一种方式，更多的是企业内部的行为，而不是市场的直接表现；第二种方式，是通过新产品切入其他产品品类的旺季，获得企业销售额的拉动；第三种方式是现有产品逆季而上的市场行为。

渠道资源，占得市场先机

淡季市场消费能力弱，要增加消费者的消费量难度十分大，除非有另类的促销方式，但另类的促销方式是可遇不可求的。但是，如果能首先占据渠道资源，就能抢占市场的先机。这就是我们常说的淡季促销的营销潜规则之——淡季，盯紧经销商的仓库和资金。

大多数企业针对消费者进行促销，他们认为，越是不好卖越要增加消费诱因，刺激消费者的消费欲望。还有的企业试图利用消费者的普遍心理：淡季产品便宜。有一些企业做得不错，但对于大多数企业来说，这个时候做促销，可以肯定效果不会太好，因为市场有限。

那么企业是不是就无事可做，坐等旺季来临？在淡季，聪明的企业家眼睛紧盯着经销商的仓库和口袋。将竞争目标定位于经销商的流动资金和仓储能力上，当你的产品能够占据经销商的仓库和流动资金时，在市场回升时，你自然就强占了先机，并且给其他竞争企业产品快速进入设置了壁垒，因为任何一个营销商的资金和库存都是有限的。

淡季要把促销对象锁定为经销商，特别是一级经销商。这个时候企业还要注意，一定还要为市场回升期做准备，做好为经销商分流库存的计划，以免经销商因为产品分流不及时而让企业的促销前功尽弃。

值得注意的是：很多企业想当然地认为，淡季我已经将货送到了经销商那里，他一定会卖力推销，我要做好消费者的促销，有了经销商的推、消费者的拉，市场肯定好开拓。

这么想就错了，其实市场回升期的时候，在渠道各成员中起关键作用的是二级批发商和零售商。因为他们才能真正将你的产品放上货架，摆到消费者面前。因此，这个时候旺季还没有来临，市场依旧处于淡季，企业促销应该遵循的营销潜规则是：在淡季即将结束、旺季即将来临的时候，应该首先获得货架，即得

货架者得天下。

市场回升前期，企业就应该开始为经销商的库存做分流了，将货铺到批发商和零售商的仓库和货架上。如果在这些方面做得到位，你就比竞争品牌更快一步。“寸架寸金”就是这个道理，也再一次给竞争对手设置了进入壁垒。此时，企业一定要将促销目标锁定在渠道成员，给他们更多额外的诱因，顺利实现铺货。

很多企业在促销的时候，在上升阶段急于促销，结果是一个很好的促销方案根本起不到应有的效果，最终回过头来说促销的力度不大。但是，一到终端巡视，发现很多产品还躺在经销商的仓库里，终端的货架上往往是货源不足、品类不全、陈列太小，甚至很多地方根本就找不到产品。

很多时候，我们经常犯这样的错误：忽视二批的促销。认为经销商会对二批做工作，把货发下去。这样的想法是最终导致经销商退货的重要原因。因为，现在的二批可选择的余地太大。因此，在市场回升期，向消费者促销的同时，更重要的是做好渠道中间成员的促销，让产品迅速进入终端，形成终端优势，以便这些成员之间形成一个和谐的推力和拉力。这个时候，配合一些终端消费者的促销造势，最终形成一个终端的强大拉力。

另类促销，拉动消费者

在淡季拉动消费者，务必遵循促销的另一个营销潜规则：超值与易得，这是促销的两个关键词。通常的促销有以下几种：

卖 A 送 A’：像卖 500 千克精炼油，送 10 千克精炼油。

卖 A 送 B：像卖一套沙发，送一套棉坐垫。

卖 A 送 C：像购品牌电脑，送东南亚豪华双飞五日游。

以上三种方式给消费者什么样的感受呢？卖A送A'，像是在降价；卖A送B，像是搭售；卖A送C，消费者真的那么容易得到？信心不足！并非是方式上的问题，促销的关键是要解决两个问题：第一，要让消费者感受到超值；第二，要让消费者容易得到。

反季促销，在淡季拉动消费者，企业的促销成本又成了企业反季促销最直接的瓶颈，现在我们来寻找一些可以为我们的促销转移成本的方法。

1. 利用实际价值模糊的产品。有一个企业推销牛奶，用了面包做促销品，牛奶的价格比竞争品牌贵2毛钱，结果效果非常好。原因很简单：市面上卖1元钱的面包，如果很大批量地从厂家直接进，也就2毛钱的样子。消费者明确的是市面上的价格，出厂价和零售价相差这么大是消费者不清楚的。而且，很多人都有早上以牛奶加面包作为早餐习惯，有面包送，牛奶贵一点也没有关系。结果，该企业促销没有花一分钱。

2. 利用需要做品牌推广的产品。有一些产品和你的产品相关联，又是新品，它们需要做市场推广，迅速扩大知名度达到一定的品牌效应，这样的产品是值得被你选择为促销品的。

因为它们也同样受到了促销瓶颈的约束，即要花很多钱通过广告来获得知名度，它们也烧不起这个钱。由于它们也需要搭乘其他产品便车，这样我们转移促销成本的机遇就出现了。

3. 别人的商机，也是分摊促销成本的时机。我们在选择促销品的时候，完全可以根据一些商业时机来选择促销品。这个关键问题就在于将别人的商机转化为自己的商机，充分利用别人渴望利用商机的心理，达到分摊掉促销成本的目的。虽然，这个时候促销品不一定是具体的产品，只要能够给消费者带来利益，想消

费者所想，同样可以刺激消费者的购买欲望，达到促销的目的。

4. 改变其他行业的游戏规则，转移促销成本。这或许是促销成本转移最不容易做到的一种方式。这种方式的运用必须具备几个条件：其他行业的游戏规则是有漏洞的；你十分熟悉行业规则；有这个行业内的成员与你配合。

具备以上条件之后，你要分析其他行业规则特征，这可以从产品、渠道、服务、价格等方面入手，执行起来要快要狠，一定不要等别人觉察而有了反击你的时间。

非常规的淡季促销，实际又蕴涵了一个营销的潜规则——企业利用了游戏规则，并且制定了新的游戏规则，于是，运作变得足够有效。

大部分营销专家的共识是：淡季将有限的资金投资在能够刺激消费者的促销活动上是比较明智的营销方法。

值得注意的是，淡季的促销切勿过分依赖单纯的降价打折。为了减轻库存压力、增加现金流而进行的大幅度打折，会破坏企业的品牌形象，影响后续的销售。替代性的策略是，可以考虑提高产品的附加值和增加一些服务，这样在增加短期销量的同时，不会对已经购买了产品的消费者造成太大的负面影响。

第三节　淡季促销的现状

淡季促销的几种方式

虽然不同种类产品营销的淡季时间段不同，但各商业企业所采用的促销手段基本相同。具体归纳为以下几种。

图11　淡季中，各个零售商用尽浑身解数开展促销

1. 降价、打折促销。这是淡季商品销售中最常见的一种促销方式。一般在新品上市时打折幅度低，换季清仓时打折幅度高，而反季节销售的商品为了达到一定的销售量，减少库存，打折的幅度往往低于5折，个别单品的售价甚至仅为原价的1~2折。以羽绒服为例，在对全国重点大型零售商场的监测中，将12月销售业绩最好的前10个品牌的平均单价与其同年6月的平均单价比较，可以看出在反季节销售中，全部品牌的平均单价都有所下跌。降幅超过30%以上的品牌过半数。

降价销售是促销手段中最易于实施、见效最快的一种方式，但也存在一些弊端，比如消费者容易产生待价观望的态度；产品销售量很大，但实际利润不高；容易降低老顾客对知名品牌的信任度等。因此，这种促销手段不适合长时间、频繁使用。

2. 适度特卖。销售淡季，经销商常会在特定场地举办大规模的特卖活动，以达到将库存积压商品一次性清零的目的。配以VIP惠售、时间段抢购等各种特卖，既可以吸引消费者的眼光，又不会损害经营者的信誉和形象。

3. 充分利用各种节日及重大事件，开展专题促销。目前，中国人不仅关注自己的传统节日，一些洋节也很受欢迎。服装经销商们会紧抓一些商机，比如在“三八”妇女节、母亲节推广女装、父亲节宣传男装、“六一”儿童节热销童装、重阳节促销老年服装等，再适时赠送一些应景的小礼物，可以收到很好的效果。另外，重大事件的发生也会为服装销售带来新的增长点。奥运会在北京举办使国人的热情高涨，利用国内、国际的重大赛事推广运动服装成为比较热门的销售方式。

4. 广告促销。淡季是腾出时间树立品牌形象和进行品牌推广的大好时机。在电视媒体、平面媒体上做广告，虽然成本高，但可以带来较长久的收益。一些实力雄厚的名牌企业比较看好广告促销的方式。

以上这些仅为比较常见的淡季促销方式，其他还有一些方式比如在现有的促销方式中加入个性化服务，拉近品牌与消费者的距离，增加品牌的亲和力等。总之，根据品牌自身的特点、目标顾客的特点、竞争者的特点，以及时间、地点、事件的不同，选择适合的促销手段，并根据各促销方案的结果随时进行调整，改变促销组合，不仅能有效避免销售淡季带来的销售利润下滑，甚至能创造出新的销售亮点。

淡季促销存在的问题

近年来，我国商业零售业促销活动花样频出。据消费者协会公布的2006年商业服务报告显示，在各种商业促销活动中，许多貌似商家亏本的促销都暗藏价格陷阱。据调查，促销活动中主要存在以下七大问题：

1. 虚构原价假打折。很多商家在促销活动中采用虚高原价假打折的方式促销，搞价格欺诈。如某商场在国庆节期间的促销活动中，某款女鞋标明原价为598元，而该款鞋促销活动前和促销活动后标价均为548元。

2. 不规范宣传哄抬人气。部分商业服务企业在促销活动中，使用模糊字眼进行夸大虚假宣传，以哄抬人气。有的冠以“跳楼价”、“自杀价”、“挥泪价”等不规范的宣传用语进行促销宣传，有的以“几折起”等模糊宣传字眼进行促销。如某商场针织服装柜台打出“劲爆特惠3～5折”的宣传，实际上该商场没有3折商品。

3. 明码非实价折扣随意定。宣称明码标价的商场经常发生标价与卖价不一致的情况，营业员“因物而折”、“因人而折”，致使消费者陷入价格圈套中。

4. 返券式促销设置圈套。目前不少商场、超市对购物返券的派送和使用制定了许多限制条件，并以“最终解释权归本商场所有”作为挡箭牌。某商场明示“买500元赠50元票券”，却没有告知这50元券的使用条件（如：只能在再购买300元时才能使用）。

5. 赠品、奖品缩水。

6. 促销商品或赠品无“三包”。部分商家对于促销商品或赠品擅自减免“三包”责任，甚至挂出“特价和打折商品不退不换”的店堂告示。

7. 部分经营者涉嫌价格欺诈。

第四节　有针对性地做好淡季促销

促销作为市场营销组合4P理论中的重要一环，一直被企业、商家广泛重视。曾有人形象地比喻：“超低价格的产品是中子弹，攻无不克；高附加值、高性价比的产品是原子弹，战无不胜；促销活动是巡航导弹，针对性打击对手；营销团队是集团军，最后占领高地取得胜利。”在淡季，各厂家促销花样层出不穷，你老品降价，我新品打折；你买赠，我放送；你五人促销，我十人围攻等等。真有点像《亮剑》里李云龙所讲“狭路相逢勇者胜”，不过这些都是大家看到的表象促销形式。促销一是为了促进更大销量，二是为了更好阻击对手，三是为了宣传提升自身品牌，所以做好竞品动态分析、市场诊断工作、搞好市场调研与分析，才能确定促销活动的主题、内容、对象、时间和地点，出台合理的活动方案和执行细则。活动主题的选择要与产品的传播概念想呼应和配合，通过活动加深目标消费群体对产品、品牌的理解和追忆。

在销售淡季根据不同的促销对象可以采取不同的促销方式，具体如下：

1. 针对消费者。从消费者的心态、习惯、消费能力，甚至喜好等各方面分析，进行促销设计与规划，满足消费者利益点、兴奋点、奇异点、渴求点等需求。

2. 针对经销商。促销的核心是利益，常用的方法为市场推广、打款奖励、积分返款、赠车或旅游等。

3. 针对渠道。保证产品在渠道中每个环节、网点畅通，实行新品推广会、赠品随行、提货奖励等。

4. 针对终端进行静态展示及动态演示，讲解推销，买赠、抽奖、游戏、小礼品派送等活动，活跃卖场气氛。

5. 针对竞品想尽办法，整合资源，有针对性地开展各种促销活动，如同质同价加赠礼品，同质高价折扣、抽奖、优质贵宾服务等。

6. 针对媒体。在传媒资讯时代利用报刊或网络、电视短信、店内海报进行不定期宣传。

一言蔽之，促销不是指简单的叫卖、特价抽奖等，而是产品与消费者之间沟通互动的有效平台，不仅要保证与消费者之间形成科学、连续的互动，更要最大化了解产品、提升品牌，使消费者产生购买兴趣，打击竞争对手。

第五节　经销商在促销中的作用

在厂家“决胜终端”的形势下，越来越多的经销商摆脱了等、靠、要的传统经营模式，在自身实力的基础上主动进行销售促进活动，以提升销量，增强对下线通路的控制力。

然而对促销策略、操作要领、运作难点的把握，往往成为了困扰经销商的关键问题。因此，我们来专门讨论一下经销商的促销，以期提供针对性的思路和方法，帮助经销商提升运作水平。

经销商是厂家在某一销售区域中市场推广活动的代理人，特别是对于一些厂家的销售队伍无法服务的区域，对通路成员（批发商、零售店）或消费者所做的促销活动实际上都是由经销商负责组织实施的。可以说，经销商促销活动的效果决定了厂家产品在区域市场推广活动的成败。

经销商在取得厂家少量支持甚至完全靠自己独立开展促销活动时，追求销量是一方面原因，但如果促销的投入产出比太低，使之无利可图，显然也违背商家促销的初衷。于是，“少投入多产出”的操作意识，使许多经销商在做终端促销时都呈现明显的特点，即促销规模较小、促销投入成本低、形式单一、次数频繁。下面我们来看一下淡季市场上经销商的促销现状。

目前市面上的各类促销活动，其实都大同小异，如果从形式上来划分类别，可以笼统地将它们分为常规促销模式和非常规促销模式。

常规促销是经销商通常采用的促销模式，内容万变不离其宗，一般就是优惠销售、免费试用装、买赠，当然活动形式和花样可以不断变换。

非常规促销模式（又称主题促销），也是经销商经常参与的一种促销活动。此类促销活动一般都先由厂家来确定活动方案、主题、规模、形式，然后由经销商负责执行或自行实施。非常规促销活动的次数不多，操作规模较大，给消费者的印象也较深，对市场的长期销量走向有深刻影响。因此，一旦厂家拿出一套较具可行性的操作方案，许多经销商都愿意跟随一搏。

相对来说，经销商单独促销的情况不是很多，效果也不如厂家，其中虽有方法不多、经验不够的问题，而关键则是经销商没有摆正促销的心态。

经销商们一是认为做促销劳民伤财。劳民倒不怕，就怕伤财，万一没效果怎么办？二是过于追求立竿见影和短平快。当天促销当天收益，至少收支平衡，亏本的生意我不做。三是活动形式直白，缺乏创意图省事，一般是买一送一、提五件送一件，直截了当没有附加值。四是对厂家的促销持观望态度，厂家的事厂家办，我袖手旁观；我进行促销你厂家也别指手画脚。五是一心想占厂家便宜，促销花1000元想让厂家报销3000元。还有的经销商促销的专业水平不够。一般说来，厂家的组织机构比经销商健全，策划、设计、广告方面的专业人才较多，促销方案做得较为严谨全面。

经销商缺乏专业人才，促销时难免顾此失彼。主要表现有：一是对市场缺乏全面了解。经销商天天忙着进货卖货，很少抽时间做市场调查，眼看着竞争对手做促销多卖了两车货，具体卖的哪些品种？为什么这些货卖得快？这些问题还没弄清楚就急着做促销。二是促销缺乏针对性，也不管是推广新品还是消化老品，是阻击对手还是引导潮流，只想什么货都卖，结果什么货都没卖多少。三是促销没有系统性，想起来做一次，想不起来就算了，有时候忽然遇上节假日想做促销时却错过了时间。四是促销活动单一，没有科学性。促销活动有抽奖、买赠、刮刮卡等十几种形式，促销方向有推动渠道、拉动消费者之分，促销时间有淡旺季、节假日之分，活动目的也有针对产品的演示性促销、针对对手的对抗性促销以及针对社会事件的公关性促销之分，什么时间在什么地点开展什么促销最省钱、最有效都需要认真思考。

但经销商在促销中也不是无所作为。经销商的优势是更熟悉当地情况，更清楚哪种促销形式适合当地市场，也比厂家更容易赢得电视、报纸的广告优惠。如果厂家、商家能把各自的优势发挥出来，齐心协力联手促销，一定会取得实效。

联手促销有一个费用分摊问题。有时候经销商催了半年，厂家业务员还是觉得没必要做促销，这是沟通不够造成的；有时候是业务员权限不够，要不来费用。经销商要熟悉厂家的运作，你想做促销他可能不批；你不想做时，他的费用额度到了，你要抓紧用，否则过期作废。

关于费用的垫付和结算，双方应该签订一份严密的合同，确定促销费是厂家承担还是商家承担、双方承担各承担多少、结算要凭哪些资料、是付现金还是转货款、什么时间结清等，以免促销过后不是总结成败而是相互追债。在实践中，经销商垫付几十万元做促销打市场，厂家践约不报销或厂家投钱做促销，商家赖账不摊钱的事例不胜枚举。

如何撰写促销方案

随着竞争的加剧，针对消费者的促销活动在营销环节中的地位已越来越重要。据统计，国内企业的促销活动费用与广告费用之比达到6:4。正如一份缜密的作战方案在很大程度上决定着战争的胜负一样，一份系统全面的活动方案是促销活动成功的保障。如何撰写促销方案呢？一份完善的促销活动方案可以分为12个部分。

1. 活动目的：对市场现状及活动目的进行阐述。市场现状如何？开展这次活动的目的是什么？是处理库存，提升销量，打击竞争对手，新品上市，还是提升品牌认知度及美誉度？只有目的明确，才能使活动有的放矢。

2. 活动对象：活动针对的是目标市场的每一个人还是某一特定群体？活动控制在范围多大以内？哪些人是促销的主要目标？哪些人是促销的次要目标？这些选择的正确与否会直接影响到促销的最终效果。

3. 活动主题：在这一部分，主要要解决两个问题：确定活动主题及策划活动方案。

降价？价格折扣？赠品？抽奖？礼券？服务促销？演示促销？消费信用？选择什么样的促销工具和什么样的促销主题，要考虑到活动的目标、竞争条件、环境及促销的费用预算、分配。

确定了主题之后要尽可能艺术化地“扯虎皮做大旗”，淡化促销的商业目的，使活动更接近于消费者，打动消费者。几年前爱多VCD的“阳光行动”堪称经典，它把一个简简单单的降价促销行动包装成维护消费者权益的爱心行动。

这一部分是促销活动方案的核心部分，应该力求创新，使活动具有震憾力和排他性。

4. 活动方式：这一部分主要阐述活动开展的具体方式。有两个方面要重点考虑：

(1) 确定伙伴：拉上政府作为后盾，还是挂上媒体的“羊头”来卖“狗肉”？是厂家单独行动，还是和经销商联手，或是与其他厂家联合促销？和政府或媒体合作，有助于借

势和造势；和经销商或其他厂家联合可整合资源，降低费用及风险。

（2）确定刺激程度：要使促销取得成功，必须要使活动具有刺激性，能刺激目标对象参与。刺激越大，促进销售的效果越好。但这种刺激也存在边际效应。因此必须根据促销实践进行分析和总结，并结合客观市场环境确定适当的刺激程度和相应的费用投入。

5. 活动时间和地点：促销活动的时间和地点选择得当会事半功倍，选择不当则会费力不讨好。在时间上应尽量让消费者有空闲参与，在地点上也要让消费者来去方便，而且要事先与城管、工商等部门沟通好。不仅时机和地点很重要，持续多长时间效果会最好也要深入分析。持续时间过短会导致在这一时间内无法实现重复购买，很多应获得的利益不能实现；持续时间过长，又会引起费用过高而且市场形不成热度，并降低产品在顾客心目中的身价。

6. 广告配合方式：一个成功的促销活动需要全方位的广告配合。选择什么样的广告创意及表现手法，选择什么样的媒介炒作，这些都意味着不同的受众抵达率和费用投入。

7. 前期准备：人员安排；物资准备；试验方案。

在人员安排方面要“人人有事做，事事有人管”，无空白点，也无交叉点。谁负责与政府、媒体的沟通，谁负责文案写作，谁负责现场管理，谁负责礼品发放，谁负责顾客投诉，这些问题要各个环节都考虑清楚，否则就会顾此失彼。在物资准备方面，要事无巨细，大到车辆，小到螺丝钉，都要罗列出来，然后按单清点，确保万无一失，否则必然导致现场的忙乱。

尤为重要的是，由于活动方案是在经验的基础上确定，因此有必要进行必要的试验来判断促销工具的选择是否正确，刺激程度是否合适，现有的途径是否理想。试验方式可以是询问消费者，填调查表或在特定的区域试行方案等。

8. 中期操作：中期操作主要是活动纪律和现场控制。纪律是战斗力的保证，是方案得到完美执行的先决条件，在方案中应对参与活动人员作出细致的规定。现场控制主要是把各个环节安排清楚，要做到忙而不乱，有条有理。同时，在实施方案过程中，应及时对促销范围、强度、额度和重点进行调整，保持对促销方案的控制。

9. 后期延续：主要是关于企业将采取何种方式在哪些媒体进行后续宣传。脑白金在这方面是高手，将一个不怎么成功的促销活动在媒体上炒得盛况空前。

10. 费用预算：没有利益就没有存在的意义。对促销活动的费用投入和产出应有预算。一个好的促销活动，仅靠一个好的点子是不够的。

11. 意外防范：每次活动都有可能出现一些意外。比如政府部门的干预、消费者的投诉，甚至天气突变导致户外的促销活动无法继续进行等等。必须对各个可能出现的意外事件进行必要的人力、物力、财力方面的准备。

12. 效果预估：预测这次活动会达到什么样的效果，以利于活动结束后与实际情况进行比较，从刺激程度、促销时机、促销媒介等各方面总结经验。

以上是促销活动方案的一个框架，在实际操作中，应大胆想象，小心求证，进行分析比较和优化组合，以实现最佳的促销效果。

有了一份有说服力和操作性强的活动方案，才能让公司支持你的方案，也才能确保方案得到很好地执行，使促销活动达到四两拨千斤的效果。

第六节　投放广告引导需求

从销量提升的角度来说，提高终端的竞争力度、开发新的渠道只能说是治标不治本，如果真的想销售淡季像旺季一样轰轰烈烈，唯一的方法就是改变消费者的消费习惯，让他们在不太需要这种产品的季节变得很需要这种产品。对于因为消费观念而形成的产品淡季，可以通过引导消费者需求来改变，这个主要是通过广告来引导需求。

在旺季的时候投入广告是大多数企业最常见的做法，那么，在销售的淡季要不要投放广告了呢？我们认为，对于没有实力做全年广告投入的公司来说，广告投放的最佳时机应在旺季到来的半个月之前，因为这个时候，对手没有进行广告投放，我们投放广告有两个好处：一是有利于广告时段的安排；二是能抢先一步在消费者心目中占有一席之地。毕竟冰冻三尺非一日之寒，要让消费者对自己的品牌有强烈的感觉就得比别人早一步抢占先机。

淡季，可以充分利用电视、广播、报纸、杂志和户外广告等媒体，宣传产品特征，改变消费者已形成的消费观念。例如饮料在夏季热销，在冬季进入销售淡季。但是露露就针对淡、旺季情况，通过广告向消费者传播“夏季喝加冰的露露”、“冬季喝热露露”，并且通过不同功能的诉求来引导消费者，宣传“冷饮消暑，热饮去寒”的观点，经过一系列的广告宣传，改变了人们冬季少喝饮料的习惯，极大地提升了产品在淡季的销售业绩。另外，淡季的价格优势也是吸引众多消费者和经销商的重要因素，打折、赠品、优惠券、奖品、特价等都可以吸引对价格敏感的消费者。对于经销商，可以举行销售会议、促销折扣、广告折让或补偿、返点等方式，鼓励经销商提高淡季销售力度。

为保障企业的整体赢利水平，要督促营销部门必须在淡季制定出促销方案，以刺激市场需求，达到创收目的。需要注意的一点是：新的促销方案必须要真正为用户着想，才能为用户所接受。

第七节　促销督导的运用

近年来，促销督导在各行各业的促销实战中的运用越来越普遍了。促销督导是怎样产生的？如何定义？有什么作用？该如何工作？这些就是本节将要论述的问题。

产生的背景

据有关市场调查表明：消费者在到达终端前就计划好购买何

种品牌产品的仅占30%，而70%的消费者是在销售终端决定购买何种品牌产品以及购买的数量；而且，在已有购买计划的消费者中，又有13.4%的消费者会因某种因素的变化更改原来的购买计划。基于这些因素，很多企业都把销售的重心放在终端，也产生了很多以“终端为王”或“终端拦截”著称的企业。特别是在快速消费品行业，大搞促销活动，甚至终端卖场某些时段促销员的数量多过顾客的数量。随着促销员数量的不断增加，工作量及管理难度也随之不断增大，促销主管已经无法应付，这时促销督导也就顺其自然产生了，促销督导的产生也可以说是社会不断分工的结果，也顺应了企业、行业以及社会的发展。

那么，何谓促销督导呢?

促销督导的定义

促销督导顾名思义，就是针对促销员和促销活动进行监督和指导的人。而对综合性和专业性都很强的工作，促销督导在未来的市场营销中将扮演愈来愈重要的角色，这也意味着对促销督导从业人员素质的要求也越来越高，促销督导工作在整个营销工作中是非常重要和必不可少的。然而，有些中小企业为了节省费用，没有成立促销督导队伍；一些设立了促销督导岗位的企业，也往往形同虚设。这是因为有很多企业无法认识到促销督导在促销实战中的价值。

促销督导的作用

1. 促销员的招聘和培训。
2. 促销活动的推进。

3. 对活动各个终端的巡点（监督和指导）。

4. 回收各类报表。

5. 信息收集。

促销督导在工作中应注意的问题

1. 促销员的招聘技能。促销督导必须明确招聘地点：商场现场招聘、学校招聘。招聘的时候注意“引子”的作用，因为商场中促销员都是有工作的，如果促销督导一心只是靠挖别人墙角招聘的话会很困难，其实，每个促销员都是“引子”，促销员的朋友基本上都是促销员，“引子”会给公司带来很多未在岗的促销员信息，丰富公司的选择。另外，如果是招聘临时促销员，学校将是个非常不错的选择。

2. 促销人员的紧急培训。在必要的时候，促销督导还要承担起临时促销员的培训任务。晚开场的促销员错过了公司的统一培训，这时候促销督导就要对她们进行紧急培训，培训包括企业文化、销售技巧、专业知识及促销员管理制度等。

3. 促销活动的推进。促销督导必须了解促销活动的开始和结束时间、需要在商场租用的面积和需要使用的促销道具及促销员数量，及时与业务联系，协调活动的进行；同时必须熟悉商场办理有关人员的相关手续和所需证件；按照活动计划执行时间与商场签订促销协议；与业务人员一起完成促销道具与人员的安排；根据情况填写进度表，并及时上报公司市场部。

4. 巡点。

（1）巡点应注意下列问题。

①按照公司提供的评分标准从侧面观察（不要被促销员发现

了）促销员的工作。

②发现有促销技巧不好、产品知识掌握不够或工作热情不高的促销员应立即进行现场教育和培训。

③对于销量不能达到标准的商场要重点考察并实行盯点制，确保促销员已尽到最大的努力，或者将销量提升到目标销量为止。

④对于形象太差或者屡教不改的促销员坚决给予替换。

⑤发现一些影响促销效果的问题，如缺少促销用品、促销场地未能按预先规定布置、货架缺货等要及时联系公司、商场的有关人员并设法立即给予解决。

⑥确保在正常情况下每天至少要巡视每个促销点一次。

⑦确保每天到达第一个点的时间，不迟于促销员上班时间，离开最后一个点的时间不早于促销员下班时间。

⑧巡点同时注意商场的其他情况，填写巡点表，并及时上报。

（2）监控技能。

①从侧面观察。促销督导必须从侧面观察促销员的工作状态，如果被促销员发现，促销督导看到的情况将失真，从而无法反映出促销活动现场的真实情况。

②不规则到达。促销督导到达每一个促销点必须是不规则的，以免被促销员摸清楚了巡点规律，而影响监督效果。

③只相信自己第一眼看到的景象。促销督导在侧面观察过程中，要只相信自己第一眼看到的景象，因为之后的所有行为都有可能是促销员发现了促销督导后而做出的表象。

促销督导只有做到严格巡点，公司才能掌握真实的促销情况，了解每一个促销点的情况，以便为以后的工作做出调整。

5. 回收各类报表。在巡点的同时，督导负责回收各类报表，并仔细检查报表的填写是否清楚完整、真实。

6. 信息收集。促销督导经常流动于各个卖场，能充分了解到顾客的需求以及竞争对手的情况，通过收集和汇总此类信息，将作为企业决策的重要依据。这一些经常被企业忽视，或者不被重视。其实，促销督导就是我们企业优秀的调查员，我们为什么不用好呢？

总之，随着社会的发展，终端竞争越来越激烈，促销督导在市场营销中将扮演更为重要的角色。企业如能建立一支好的促销督导队伍，必能调动促销员的积极性、提高促销活动质量，为企业带来收益，真正赢得“终端拦截”的胜利。

第八节　淡季促销中应注意的问题

如何做好促销策划案

可供选择的促销方法多种多样，企业应该提高促销的策划质量，来提高促销效果，多采用隐性促销的方式，而不是过分依赖高力度的促销刺激。

促销活动的形式应该是丰富多样的，在现实的营销活动中，很多优秀的活动策划不但以其新颖的形式引起了消费者的注意（提高了知名度），而且有效突出了产品的独特之处（引起兴趣），赢得了消费者的喜爱（实现购买），促销效果远远超过了媒体

广告。

那么，怎样巧妙地策划一个好活动呢??

1. 好的活动策划必须善于借势。“借势”指的是策划的时机和契入点充分结合了当地的实际情况，能够很巧妙地借助节日、当地的人文景观、社会话题、时事活动、媒体舆论焦点、政府专业权威行为、突发事件、名人、文艺活动等，利用人们对这些事物的关注，将自己的企业或者产品巧妙地融合进来，赢得人们的注意力和好感，提升知名度和销量。打胜仗讲究天时、地利、人和，促销策划要引起轰动同样讲究天时、地利、人和。

2. 好的活动策划必须能充分展现产品的特点。活动策划的目的是提高产品的知名度、美誉度，从而立刻或者在后期能提升产品的销量，所以一个好的活动策划应该能充分展现产品的独特之处，而不单单是送赠品、抽奖什么的让消费者图个便宜。

3. 好的活动策划必须充分发挥各种优势，让竞争者“望洋兴叹”。俗话说：“尺有所短，寸有所长”，好的活动策划要充分发挥自己的各种资源优势：目的一是让自己的活动操作游刃有余，把活动搞得尽善尽美；二是防止竞争对手的跟进，什么好的方式一旦大家都跟风就会搞烂了，如果只有自己能搞好而其他人搞不了，那么自己通过这种活动建立起来的优势别人就很难效仿。

4. 好的活动策划必须提高品牌的形象。大卫奥格威的名言：“每一次广告都是为品牌做加法”活动策划的目的是宣传，这和其他各种促销手段的目的是一样的。所以活动的策划也必须从属于营销的系统规划，服从于整合营销的传播策略，以提升品牌形象为根本原则。

5. 好的策划要新颖。现在针对节日活动的促销已成了应景之作。像各种节日（如母亲节、中秋节），就是些搞抽奖、优惠、赠送之类，政府和社会团体举办的活动（如某些国际疾病日、纪念日），或是派两三个人发发资料之类，内容缺乏新意，活动的效果越来越差。不过，如能有新意，节日期间还是很好的时机，因为人们在节日的消费心理和平时是有差别的。

活动策划的实质就是何人（who）、何时（when）、何地（where）、做何事（what）、怎么做（how）五个因素，在遵循以上原则基础上进行组合，只要肯动脑，多观察，多学习借鉴，一定可以策划出非常优秀的活动，起到“四两拨千斤”的出奇效果，既省了钱，又促进了销量的提升。

提高促销执行水平

我们常见到某些企业的促销方案本身并没有什么问题，但是执行水平低，例如促销品选择不合理、促销品在渠道中被截留、促销期间出现断货、促销之前没有进行应有的宣传等，导致促销效果大打折扣。企业没有认识到症结所在，为了提高促销效果，采取了加大促销力度的做法，从而陷入恶性循环的怪圈中。企业提高促销的执行力，可以最大限度达到促销效果，企业可以在一个合理的促销力度下，从高质量的促销执行中达到促销目标，从而使促销更加理性。企业在促销中表现理性，可以使企业在市场中和竞争对手那里建立信任。这种信任可以避免恶性竞争手段，避免过激反应，对于规范市场、形成良好生态环境非常有益。

在促销执行上，公司应注重每一个促销细节的执行，这是提高促销执行力和促销资源最大化的根本。面对竞争对手采取的促销政策，我们除想办法用更好的方法定位、更高的利益吸引、更快的行动之外，很多企业忽略了一点，那就是不折不扣地执行。

应对竞争对手的促销攻击

竞争对手搞促销，企业如何应对？这是企业面临的待解决的课题，市场竞争的结果就是为生存而战的残酷战争。

1. 直面平行对手。如果是针锋相对、旗鼓相当的竞争对手大力度促销吞噬我们的份额和销量，我们应该出台更为有杀伤力的促销，以更高的利益吸引，“以其人之道还治其人之身”，针尖麦芒地打一场痛痛快快的促销之战。因为面对着销量的萎缩，经销商的抱怨、终端的冷漠，还有收入的减少，我们不能一味高屋建瓴地去考虑营销战略。如果面对竞争对手的促销战无心应战，对价格战不屑一顾，那么在没有开战之前可能我们这些前线的“士兵”就在心理上缴枪了。

2. 避强淡弱分对手。如果面对行业超级大鳄，我们应通过终端陈列、人员促销、累计返点、增加服务等润物细无声的方法把强势对手的攻势太极般地化于无形之中，因为以卵击石是得不偿失的。但我们可以偶尔给渠道商一些信心，搞个大力度的促销，囤积渠道，挤占渠道商的库房和资金，这样可以在中间环节抑制对手的迅猛攻击势头。同时这些对渠道商的促销也可以使得靠促销和价格活跃的二、三线品牌活动空间大为减小。面对行业巨头、竞争的边缘品牌或是销量、知名度与我们有差距的企业促销，我们应该在反馈信息的同时，在自己的职责内做好渠道管理和服务工作，力图最大程度地淡化其促销的效果和影响。期间我们应该动员经销商、渠道商少卖他们的货物，或弱化其促销的效果和影响。我们或以自己的便利资源（如返点、送货、促销品等）诱惑之，或以品牌壁垒（专卖、解除合同等）压制之。只要业务员工作做得精细到位，勤于监督，一般小的促销都不会对主流品牌销量影响太大。

3. 追求最佳策略。灵活运用促销策略，或直面痛击或迂回包抄，或针对渠道运营商或终端卖场，不管是击倒对手还是提升自己，我们最注重的是实效，实效的最佳体现就是对渠道的低成本有效控制。

在制定促销政策时我们应该听取经销商的一些意见，综合进行分析。一般来讲我们面对竞争对手做终端促销时，往往急于申请大力度的促销堆积渠道，但一旦面对竞争对手先入为主将渠道资源优先占领时，我们也只好加大终端的直供力度，大力开展终端促销，并利用事件或企划活动，增加对消费人群的促销宣传和心智资源的占领，以期达到终端指牌购买率高、货物流转快、经销商主动进货频率增加的目的，以瓦解和抑制竞争对手的攻势。

促销的目的就是让产品在总体上更增值，销售得更快，培养更多的忠诚的消费者，否则促销就是在做销售游戏了。

防止由经销商引发过度促销

经销商结构和数量的不合理会引发经销商之间的过度竞争，这种过度竞争最终会使企业受害。如果销售政策不存在严重错误，一般不会引起经销商层面的过度促销。在同一个地区经销商数量太多、窜货没有严格管理、渠道促销的力度太大或太频繁，都会引发经销商的过度促销行为。经销商过度促销是为了让下级经销商或者零售店提货，而下级经销商或者零售店为了更多地得到促销奖励，也会以过度促销的方式销售，并且会在以后进货时提出很高的促销要求，以至于在没有促销品奖励时就不进货甚至

少进货。

有时一些大型商店在节假日都会在本店进行打折促销，他们自然会要求厂家予以配合。

防止销售人员过度促销

销售人员在销售指标的压力下，易诉诸短期行为，为了完成销售指标，难免会产生一些短期行为冲动，特别是当指标完不成时，更会不顾一切地采取各种行动去促进销量，促销就会成为这种这些行动中的一种表现。

在年初给销售人员制定一个合理的销售指标，在销售年度内根据市场形势变化而有机调节销售指标，能够极大地避免过度促销。

在促销预算方面，企业应该对促销费用在全部营销费用中的比例做好规划、制定上限，避免过分依赖促销而忽视其他市场沟通手段，避免由于促销费用比例过大而影响到与品牌建设相关的营销费用不足。

此外，市场部要发挥计划、指导和制衡作用。全国性、大规模的促销应该由市场部制定计划，而不是由销售部自行其是；即使是各个区域市场的促销，其促销模式的选择、促销力度的大小、促销时机的选择方面，市场部也应该提供建议、发挥制衡作用。某些属于恶性促销的做法应该明确禁止，避免销售部门或销售人员的短期行为影响公司的整体规划和策略。

市场部还应该在如何提高企业品牌方面采取积极有效的措施，这方面工作做得越好，销售人员就可以减少对促销的依赖。

高端产品和低端产品的促销决策

高端市场与低端市场具有很大区别，这就要求企业永远应该把促销的重点集中在低端市场。高端市场的消费者对价格不敏感，因为高端市场的规模虽小，却有可能成为企业的主要利润来源，至少能成为稳定的利润来源。而在低端的产品以间断性的促销来促进销售很有必要，只要不进行过度促销就可以。

冲动型购买的产品可以多利用一些促销，可以直接在零售店吸引客户购买，例如快速消费品就可以适当多采取一些促销，而理性购买型产品则可以直接推出低价产品，以更好的性价比来扩大销售，不必完全依靠“高价格产品加促销”的组合策略。我们提倡通过直接推出低价产品来抢占低端市场，而不是完全依靠短时期内的促销，原因何在呢？第一，推出低价产品这个市场信息比促销更容易在市场中传播，更容易被消费者知道；第二，低价产品的性能即使较弱，也比“高价加促销”的产品更不容易减弱消费者的满意度；第三，低价产品的配置一般较低，零配件质量也略逊，总体的成本较低，所以，低价产品的毛利不一定低，一般情况下，要比“高价加促销”产品的毛利高，这更符合企业的盈利要求；第四，低价产品明码标价，可以减少零售店或者经销商在中间“动手脚”，防止促销利益被渠道截留，确保实现让利于消费者的目的。

保持高端市场份额有两个作用：维持高利润率和塑造品牌。企业建立起自高到低的产品结构，当低端市场出现恶性促销时，可以用高端市场的盈利来维持企业的整体盈利水平。这样，高低搭配的产品结构使企业面对低端市场的过度促销时能够更加从

容，可选择的政策空间也更大。我国很多企业，在规模很大、市场份额很高时，仍然缺乏高端产品，很容易遭受促销攻击，而且一旦遭到攻击，就没有应对措施。缺乏高端产品的大公司，在本质上是虚弱的，很容易引发二线企业的野心和攻击欲望。

区域市场的促销决策

区域市场的多样性和复杂性要求企业在各个区域市场根据下列一些原则来制定差别化的促销决策。

1. 自己品牌影响力越大的地方，促销力度应该越小。强势品牌是通过多年的宣传和满意的产品使用体验逐渐建立起来的，企业应该充分利用这种品牌的影响力。强势品牌意味着较高的价格也会被消费者认可，价格战或过度促销会破坏品牌形象，导致品牌价值流失。在各个行业，各种著名品牌都在价格和促销问题上表现谨慎，极力避免或少采用价格战和过度促销，而是通过较强的品牌价值或产品差别化来化解竞争对手的攻击，保持较高的利润率。

2. 在竞争不激烈的市场，促销力度越小。这个原则是由促销的性质决定的，既然竞争不激烈，就没有必要采取过大的促销力度，白白损失利润。企业在较大市场区域内开展促销活动时，应该对各个市场做出一定的差别化安排，在竞争较弱的地方适当减少促销力度或者促销期。

3. 在消费者消费心理较为理性的区域，促销力度越小。有些市场的消费者购买行为非常理性，促销对购买决策的影响较小，这时，过度促销的危害较大，因为促销带来的利益一般远小于促销本身的费用。

4. 在渠道优势较大的地方，促销力度应该较小。渠道优势大，企业可以利用渠道的推力扩大销售、保持竞争优势，没有必要再画蛇添足地做促销。当促销成为这些市场的热点时，消费者会专门到有促销的店去购物，促销做得越多，则自己的渠道优势越是不会得到发挥，竞争对手在渠道方面的劣势会因此而被掩盖，这样的做法很不明智。

5. 在刚进入一个市场时，可以多做一些促销，促销力度也可以大一些。产品在刚进入市场时风险很高，操作不当会导致产品夭折，这个时期的营销成本一般很高，所以适当地多做一些促销，既有利于尽快获得市场认可，又不会影响品牌形象，更不会引发恶性促销竞争。

6. 如果在区域市场内处于领先地位，不宜进行高强度的促销。这个道理很明显，越是占据优势，越应该采取产品差别化的竞争手段去开创品牌优势，而不是通过促销来扩大短期销量。在占据市场优势的时候，“以大博小”，利润流失会太大。

7. 有明显淡旺季分别的产品，不宜在旺季开始时就做大量促销。在旺季一开始就大做促销，会在行业内定下一个坏的基调，容易引发竞争对手跟进，企业想结束这种促销竞争就很难了。

8. 在行业平均利润率快速下降期间，不宜进行大量促销。这个时期，本来行业利润率就很低，各个企业的盈利能力已经下降，如果此时大肆促销，肯定会引发竞争对手的跟进，导致行业平均利润率更快下降，但是总体销量不会同步上升，从而导致行业内各企业普遍亏损。

在产品生命周期进入成熟期后，企业可以考虑适当放弃部分亏损的区域市场，或者最大限度减少促销投入，基本以自然销售

的方式保证在这些区域市场的盈利，或者忍受一定的亏损，以消耗和牵制具有优势的竞争对手在这些区域市场内的盈利能力。

上述这些原则是企业决策促销的参考，很多时候需要综合起来考虑，不能教条地生搬硬套这些原则。

城乡市场的促销决策

企业在开发市场时，多数企业是先开发一、二级大城市，然后再伺机进入三、四级小城市，有些企业甚至长期不进入三、四级市场，这就造成两类市场之间的差异。企业在做促销决策时，一定要根据两类市场的差别做出差别决策，不能采取不分彼此的同质化决策。

相比于前面谈到的区域市场的促销决策，城乡市场的促销决策有如下两个原则：

一是在自己占据优势的市场应该减小促销力度。

二是通过向竞争对手薄弱的市场渗透，使自己在其他市场应对过度促销的能力增强。

如果竞争的主战场在一、二级市场，企业可以考虑向三、四级市场渗透，即开辟新市场。在三、四级市场占据优势时，如果竞争对手在一、二级市场发动促销攻击，企业可以借助在三、四级市场的盈利来弥补在一、二级市场的利润流失，增强承受促销攻击的能力，从而在促销战中占据战略性优势，等待竞争对手失去后劲之后再发起反击、收复失地。

第九节 淡季促销的误区

营销的字面含义是营造氛围、创造销售，其中最重要的就是一个“销”字。促销无疑是这个“销”字最重要的催化剂。在经济日益发达、同质化日趋严重的今天，促销成了产品入市、挤压竞争对手、扩大市场份额等的最常用的武器，价格战就是血淋淋的商战的最好诠释，无论你的促销是主动的，还是被逼的，总之呈现给消费者的是越来越多的实惠，反之带给厂家的更多的是无奈，就像明知面前是个泥潭，但是还不得不眼睁睁地走下去。

促销时出现促而不销的现象比比皆是，而总结原因却往往被企业所忽视。消费者太理智、竞争太激烈、促销赠品选择错误等就成了常用的理由。真正的促销不利的原因包括如下几个方面。

促销方式过于繁杂，应去繁就简

促销的方式禁忌繁杂，尤其是忌玩数字游戏，应该简单明了，让消费者尽快得到真正的实惠。繁杂会使计算麻烦，消费者等候的时间过长。有的企业搞促销活动，由于太复杂，结果消费者一算账，发现上当了，也就不再跟你玩了。

不分产品乱打折，应慎重打折

促销，不是对所有产品都适合，尤其是打折促销。新品上市不打折促销，此时所有的公司都想要自己的新品闪亮登场，此时

促销会大煞风景。对于那些快速消费品或者大宗的耐用电器，打折大都不会有太大的影响，同时，对一些特殊商品的促销就要慎之又慎了。

促销与产品定位偏差太大，应相互吻合

产品定位和促销的目标很关键，目标定位决定采取促销的方式，而挤压竞争对手、扩大自己的市场份额是大部分产品促销的直接目的。打折和变相打折的买赠活动是主要的方式，促销必须符合自己的市场定位，如果定位不准，就会适得其反。这样的例子比比皆是，派克笔以往是商务人士身份的象征，由于采取以品牌带销售、老产品打折、新产品定位走中低端市场的策略，结果市场份额不升反降。

要促销，先认识自己

现在的促销虽然效果大不如前，但是还是企业必备的营销战术。在促销以前，搞清楚几个问题就会使你的成功机会大大增加。

一是清楚自己的产品或者企业是属于哪个行业。

二是清楚你的产品是属于市场的哪个阶段，是刚入市的新品还是处在发展期，或者是平台期？每一个阶段有不同的策略：入市期需要吸引眼球，发展期需要市场份额，平台期需要持久利润，而衰退期才可用破坏的手法去刺激市场，既可以获得利益，同时也挤压了竞争对手。

三是弄清产品的定位，是低价产品、高端产品，还是比附价格定位的产品。无论如何促销，产品的定位必须不可撼动，定位不清，促销不如不促。

总之，促销的火候和时机最为重要。企业只要将促销定位准确，抓住适当的时机，才能起到促进销售的效果。

第六章 清理库存

QING LI KUCUN

第一节 库存控制应该以预防为主

很多零售企业已经陷入一个误区或者恶性循环：产品每年积压，处理，再积压，再处理……也经常有企业老总们这样抱怨：

——市场难以预测；

——设计产品有问题；

——产品生命周期太短等等。

他们认为这是产品积压的根本原因。这看起来似乎有道理，

但问题在于：

——哪个行业能够把市场预测做得非常准确？

——哪个企业的产品敢说一设计出来就一定能够畅销？

任何行业的产品都面临生命周期越来越短的问题，如手机产品，产品生命周期也就那么几个月，过期就面临着被市场淘汰的结局。

图 12　打折是一种清理库存的方式

其实，他们都在犯一个错误，“只顾头，不顾尾”：只看到了表面的现象，而没有发现实质的问题所在。我们首先要了解，库存到底是怎么形成的？为什么会有那么多积压库存呢？

库存经常被比作水池的水，进水进的多，出水出的少，池里的水（库存）会不断地加大。

以服装行业为例，沙溪一个知名的休闲服厂家，2001 年的销售额为1亿多元，而其仓库库存也达到了1亿以上，几乎和销售额持平。为什么厂家一共生产了1亿元的服装，还会积压1亿元的服装呢？

如同水池里的水，注入1亿，即使一点水不放（销售），池子里至多也就是1亿。除非厂家的设计太差，否则不会一点也销售不出去。问题显而易见，厂家只销售了1亿，却生产了2亿，造成的结果就是积压1亿。

大多数企业的库存积压是由于盲目地多生产造成的，而预测、设计等因素仅仅占其中的一小部分原因，这就是制造业库存问题的症结所在。

无数经验告诉我们，库存一旦形成，事后处理所带来的麻烦是巨大的。因而，零售行业的库存控制应该从预防的角度去考虑，防患于未然，而不仅仅是考虑事后处理。

第二节　从战略角度解决库存

零库存对于大多数企业及经营者来讲，是梦寐以求的货品管理模式。但很多行业的商品因其特殊的时尚性、季节性、地域性及功能性，与众多日常生活消费产品存在较大的差异。因此，以销定产、定期跟货的产品管理方式在零售行业现阶段发展中还存在很大障碍。

在长期零售业渠道经营过程中，很多企业多依靠分销的方式来解决货品库存的问题，其方式大致有两种：换货制与买断制。但是这两种方式都存在很大的不确定性，换货制是品牌企业代为

经销商承担库存风险，减少经销商货品的管理成本，所以随着销售网络的扩大，库存货品的数量也会正比增加；买断制虽然可以在一定程度上使品牌企业实现以销定产及零库存的目的，但它要求经销商必须有很强的市场判断能力及产品销售能力，这无形中加大了经销商的经营压力，往往成为变相的库存转移，不能产生实际的市场销售。因此，零售行业的货品库存问题应从战略角度进行改进，即从货品的经营方式及流通管理两个方面着手解决。

图 13　清理库存是淡季的重要工作

货品经营方式的改变

货品经营方式的改变，是以企业为主导、各营销网络为执行方，共同协作、共同受益的一种渠道管理办法，虽然增加了部分中间机构，但从整体来看，却是权力下放、就近管理的新型渠道营销模式。

1. 产品分散生产：库存分摊，近产近销。我国很多企业在发展过程中的思路是扩大企业规模，提高产量，聚集更多的固定资产。但是，随着市场经济的发展，消费市场已从原有的卖方经济转向买方经济，再多的产品也要依靠市场的需求才能转化为企业利润。因此，固定式的生产已很难适应品牌化的需求。

其次，由于我国幅员辽阔，产品在向各城市进行物流转移时需要很大的运输成本。而很多产品作为季节性、时尚性明显的商品，在时间及成本上的合理利用将会直接导致销售的成功与否。服装产地与最终销售区域距离的远近，最终将会决定商品上市的快慢以及单件商品所含固定成本的高低。

所以，摒弃原有固定而单一的生产模式，采取与主要营销区域相结合的就近式大区域分销生产模式，一方面可以降低生产与销售的时间差、提高货品周转速率、减少长距离运输所带来的无效成本；另一方面，因其产品分散生产，不仅可以使企业减少资金消耗，还可以利用合作生产企业帮助解决库存问题。

很多企业在进行产品分散生产的方式时，大致的方式可以省或区域为单位，根据合作厂家的实力及生产规模，由企业负责产品的质量监督及原材料供给，生产厂家进行产品的贴牌生产及货品储运，共同协作，保证产品的统一性。

2. 货品区域配送：统一管理，随需随送。在产品销售过程中，最让企业与经销商头痛的问题就是市场变化无常，不知道哪一款速销，哪一款会滞销。速销的产品在库存无多之时，必然会向厂家索单。为了减少自己的库存，经销商往往每次只订少量货品，也就是“小批量，多批次”。滞销产品在度过销售期后，也会根据换货比率退回生产厂家。但无论是速销产品还是滞销产

品，以及换货后返回的新产品，其运输成本及库存成本都要由企业与经销商分担。从经销商的角度来看，这无形中增加了产品的销售成本以及因货品转移而产生的时间成本；从企业的角度来看，也会增大管理难度，浪费大量的人力、财力以进行货品及经销商的调度与管理。

零售行业的产品作为大众消费产品，决定了其销售必然要选择人员流动大、商业发达、购物环境优美的城市中心区域。但是，为了保证货品类型的丰富及数量的充足，各销售网点除拥有产品的展示、销售区域外，还要就近配置货品的储运仓库。这无形中将会提高各营销单位的营业成本。

设立货品的区域配送中心，其主要职能是为该地区所管辖的各终端销售网络进行货品的配送、调换以及保管工作。各终端销售网点仅需在店内储存1～2日的销售货品，其间将会由配送中心进行统一的货品管理及储运工作，作为企业与终端之间货品、信息的传承者。

3. 营销网络互联：集中调度，就近配给。窜货是营销渠道中常见的违规行为。从另一种角度来讲，窜货正是因为各营销网点货品配备不合理以及不同区域具有不同消费差异而产生的货品流动现象。既然不能够很好地解决问题，那么我们可以利用合理的解决方式对其进行引导与管理。

依据原有的经销模式，各销售网点之间均为独立运营，同一类（款）型的产品常会出现“此空彼富”现象，旧有的方式多采取直接依靠企业进行产品调度的方式进行解决。因其信息的不对等性，货品的流通往往要从过剩方转到企业，再由企业分配到需求方，环节的增加导致利润的流失，减少了需求方的产品销售时间、产品利用率。

进行多销售网点的营销网络互联，将散乱、无序的窜货行为由统一的管理来集中调度，根据终端网点的产品销售差异，采取就近配给、信息互通。将原有的货品三方转移变为更为快速与直接的两方流动，在解决现时问题之后，再由企业或区域的配送中心进行后续货品补给，可以减少产品周转期产生的销售空档。

货品流通管理方式的改变

如果说以上所介绍的货品经营方式的改变是一种战略式改革的话，那么货品流通方式则更像是战术措施。它是以货品在渠道中流转方式的改变，来帮助企业增加产品销售，减少因市场判断失误和营销方式不统一所带来的产品损失、品牌形象损失。

1. 产品分级推广，逐步减压。企业在进行每一款产品推广及主题设定之时，都会面临消费市场接受与否的思考。如果产品得到消费者的欢迎而产量没有及时跟上，那么必然会导致竞争对手的模仿，减少产品的初期利润；如果产品有悖消费市场，那么大量的产品则会充斥库房，增加企业的管理成本，影响企业的现金流动。

分级推广、逐步减压的产品拓展方式，可以帮助企业最大限度地减少市场运营风险。所谓分级推广，其主要核心是对消费市场进行分级，根据不同城市的消费者购买力、购买量以及商业发达程度、信息延伸速率、城市规模等参数进行设定。例如我国现阶段服装营销区域基本上以珠三角、长三角、京津地区为第一核心，沿海部分开放城市及平原地区的省会城市为第二级市场，其他级别分类推定。

品牌企业在进行新产品推广之时，首先针对一级市场进行产

品营销，使新产品占领高端市场、获取初期高利润、避免盲目生产以及促使品牌信息延伸；随着产品在市场销售中的稳定、竞争对手相似货品的上市，企业将现有产品发放到二级市场，作为二级市场的新产品进行销售。这种方式可以使企业避免运营风险、减少货品积压，并随之获得最大利润的回报。

2. 拓展营销方式。打折作为市场营销中的一种手段，可以加快产品的销售速度，也可以在短时间内使该产品获得更高大市场占有率。但它也是一把“双刃剑”，在扩大产品销量的同时会损害原价购买顾客的利益，降低品牌的市场形象，不利于客户忠诚度的提高。而太多的过季或过剩的产品储存在企业的库房中又为企业带来了很大的库存压力。

因此，作为品牌企业，采取产品价格打折的方式应慎之又慎，可采用赠品、积分、搭配销售等促销手段，进行隐性打折。近年来，在我国一些经济发达城市，出现了一种特殊形式的品牌产品销售方式，即在地处城市的近郊区域，集中销售各名牌过季或过剩货品，这种方式也是由国外引入国内的，被称之为“Outlet's”。如地处北京东四环的燕莎奥特莱斯商城，实行的就是这种营销方式。这种另类营销方式不仅减少了因品牌价格打折而产生的形象损害，也可以帮助品牌企业解决库存产品的储运及销售，最大限度地挽回货品损失。

但无论经营方式的改变还是流通方式的改变，其最基本的核心应体现在：高精确度、能够快速反应的信息交流通道以及多机构、多渠道共同协作的管理模式。

及时获得市场需求反馈、快速销售货品均离不开高精确度的信息交流通道。电脑网络的发展使得信息沟通不再受时间及地域的限制，甚至能够实现远端销售即时反馈。通过专业产品销售软件的辅助，减少因信息闭塞及传递时间过长而产生的经营决策失误，可以及时将不同地区货品储量作现时调整，避免重复生产而带来的资金浪费。品牌企业实现即时信息互通，也可以在一定形式上保证终端经营者的利益，不仅使品牌形象更为突出，还会增加与下游经营者之间的合作亲密度，提高品牌企业的市场掌控能力。

而多机构、多渠道共同协作的管理模式，则是企业利用外部优势资源进行整合的过程。从企业的经营角度讲，专业化的合作机构不仅能够为企业带来资本的节省，还会提供相对专业的服务，提高产品在流通中的安全性，这些机构如物流公司、金融保险公司、市场调研机构以及专业货品储存场所等。在产品供应链内，通过上下游合作渠道的协调、变更及增设，使得货品的存储更为方便、快捷。这样，以产品的最终销售为核心、多种资源的协同整合，使库存模式体现为“在路上”，即所有产品的库存应该在物流运输的移动车厢内，而不是在固定场所的库房内。

第三节　抛售库存的方法

服装行业是最典型的淡旺季分明的行业，以此行业为例，我们来分享一下解决库存的方法。

服装店由于其紧跟时尚潮流的特点，决定了其款式必须经常更新。去年还流行的款式，在今年就可能成了滞销货，因此难免会有库存积压情况的出现。对于整个服装行业来说，过多的库存已经成为严重影响行业发展的大问题，包括那些非常成功的服装

制造和经销企业都难免受到库存积压的困扰。有这样一个说法：中国即使现在所有的服装企业都停产，光是仓库里的压库货起码可以供国内的服装销售企业卖上三年。可见国内服装行业的库存积压问题有多么严重。

服装的库存不断增加，销售连年翻番，赚的钱不见增多，难怪很多老板说，自己辛辛苦苦赚来的钱，全都跑到仓库里去了。

服装季节性明显，且服装产品更新的速度越来越快，如何处理不断增加的库存成了最令服装界头痛的问题之一。不处理吧，货压得越久贬值就越厉害，最后可能变得一钱不值。进行低价抛售吧，又怕先前购买了产品的顾客不满意，尤其对于以熟客生意为主的服装店来说，同时，抛售亦容易影响服装生产企业辛苦建立起来的品牌，影响与供应商未来的合作，这真是一个两难的选择。

造成服装库存的原因有：从市场需求角度来看，中国幅员辽阔，经济发展极其不均衡，需求呈现多样化，对消费者尤其是对不同等级市场需求的研究是服装行业比较欠缺的，这样就造成企业无法将自己的产品精确地或者有针对性地投放到有需求的市场上去，造成一方面是大量的库存，一方面是服装消费的严重落后。

在中国，城市消费过度，而在三类以下的城市却相对处于消费热点匮乏的状态。“超级女生”作为一种消费热点，最大的消费地不是在沿海，而在四川。服装企业缺少抓住市场热点的能力，因此无法快速建立品牌。

企业从自身的角度来设计的产品是不是消费者所需要的？另外，企业可能对广告、传播、裁剪款式、生产管理比较在行，但是对市场上的销售环节就显得力不从心了，尤其是没有适合中国国情的业务发展战略，没有战略就没有目标，生产多少肯定是不知道的，这样肯定要形成库存。

对于如何最大限度地减少服装库存，我们总结了以下一些要点：做好市场调查、合理要货、勤跑终端、监控终端、日报销量、制定政策、加快周转、少进少出、快进快出、密切关注、集中清库、精确配额。

如何解决库存是我们重点要解决的问题，具体而言有以下几方面内容。

寻找专业库存销售公司

据了解，近来在库存中淘金的人也越来越多。下面我们来看看服装经销商和库存服装经营者不同的看法：

一位服装经销商说，他们代理的品牌为货真价实的货品，如果一件衣服标价为 100 元的话，那么一般的进货价为 45 元（含税），再加上商场 25% 以上的扣点，100 元的货品仅剩下 30 元的利润。这 30 元的利润中，还要承担货品价格 10% 左右的商场 VIP 卡的扣点、5% 左右的商场柜台装修费用、7% 左右的员工工资、办公费用。这样算下来，利润也仅为 8% 左右。而每一季的货品，控制得再好，也还有 5% 的库存。这样加加减减，经销商实在挣不了太多。

一位专业做库存服饰的老板将库存服饰的销售称之为服装行业中的“第二桶金”。他说：“做库存商品，往往比销售正价商品更赚钱。”他给也算了一笔账：以 100 元的正价货品为例，服装经销商在清理库存的时候，一般以 1 折左右的价格成包地批给库存经营者。上海还曾经出现过最低 0.5 的进货折扣。按照库存消

化一般低于5折的规律，10元的进货价最高可以卖到50元。对商场来说，组织特惠专场，对商品的扣点一般仅在10%左右。也就是说，50元的商品仅仅扣去5元。除此之外，特惠商品不使用VIP卡，也没有什么柜台的装修费用，人员工资与办公费用相对也减了大半。这样，50元中至少赚30元，利润率为6%。

当然，库存服装的销售也不能盲目地进行，一位做了5年库存生意的商家也提醒，别把“库存”作为“宝库”而轻视其风险。首先是充裕资金的保证，库存品不同于畅销货，如果库存品贸易商看中一批货，就得全盘吃进，而且厂家绝大部分要求现金支付；同时对于库存品的后期市场也要求经销商有敏锐的判断。

折扣店

当然企业解决库存问题的途径也不是单一的，其中最为普遍的是企业建立自己的折扣店，在一定程度上解决了上述问题，折扣专营店相对于经销商来说是一种较新的经营模式和理念。这些折扣店的大量涌现一方面说明了它适应消费者的消费需求，另一方面也反映广大服装品牌的经营需求。

对消费者来说，品牌+特价=实惠消费，从下面两个公式就可以看出来：

新产品零售价=面辅料成本+劳动力成本+生产成本+管理成本+资金成本+利润+营销成本+品牌宣传成本+运费等

特价产品价格=面辅料成本+劳动力成本+生产成本

想拥有名牌是大多数消费者的共同愿望，但是高昂的价格使处于工薪阶层的消费者望而却步。显然，服装折扣店可以在一定程度上满足消费者对品牌的向往。有业内人士分析，品牌消费者对品牌商品的追求大致可划分为两个阶段：一是向往品牌消费阶段；二是品牌时尚消费阶段。绝大部分品牌时尚消费者都会在品牌专卖店或高档商场中购买当季的正价时尚商品，而向往品牌的消费者则希望品牌保真，物美价廉，特价店给他们提供了更多的消费机会。

对于服装，真正有价值的商品是时尚商品，每种品牌有其贬值速度。一个著名品牌，当季服装是100%（正价）的售价，第二年半价出售，第三年则会以三折出售。特价店便宜的理由之一就是“过季”。到特价店来，消费者首先必须明白这一点。

缘于消费观念的多样化，消费者完全能够认可折扣店的存在。每个人都有自己的消费理念，不管是求新求同还是求异求实惠，都要从自身条件出发。人们进入折扣店是冲着品牌和实惠，商家应该紧跟消费者的消费心理。

首先，明确的市场定位使折扣店更加有精力、有能力专攻折扣商品的销售，为品牌经营者节省了自己去逐步摸索的时间，使生产企业可以把更多的精力投入到新品的运作中。其次，折扣店有相对较大的面积和规模，可以有更好的销售业绩。

像美特斯邦威、高邦、森马、拜丽德等休闲服，开设专门的特卖场处理库存，不失为一个好办法，这既不影响新货又很快处理了存货，收到了比较好的效果。

此外，许多休闲品牌都拥有规模较大的旗舰店。穿插在正价产品中的折扣产品往往给店铺带来了极旺的人气。美特斯邦威拥有三层楼商场式的店铺，其过季产品主要集中在三楼销售，这就等于在自家店楼上开了家特卖场，把正价与特价产品分开，同样的装修风格与优质的服务，使得追求实惠的顾客心甘情愿多走一层。这种针对消费者的不同需求的明确定位，为特卖场带来了人气，不失为一个好办法。

在卖场设置特价品吸引顾客

绝大多数服装企业不具备实力也不愿意去另外开设特卖场，通常就在主卖场摆设花车，进行特价品的销售。这种方式，容易让人对该品牌的价值产生怀疑。这样，好不容易积累起来的一点品牌效应，往往又被特价活动所冲淡。但众多品牌都采用这种方式，一般企业也顾不上考虑这么多了。

展销会

上海的一些羊毛衫企业比较喜欢通过经销商在各大中城市组织、参加一些产品展销会，其主要目的也是清理其巨大的库存。展销会主要依靠价格优势吸引顾客，因而能吸引到购买库存品的特定消费群体，直接将库存品展销出去。

适度特卖

任何一个服装经销商想要实现零库存都是不现实的，因此，可以掌握好节奏，在适当的时候做些适当的特卖活动，比如，团购、VIP 惠售、发行优惠券、时间段抢购、节假日促销等等，都是不错的方式。一般来说，这样的方式不太会损害经营者的信誉、形象，也不会影响与供应商的关系。

贴牌出售

这不失为处理库存的一种比较好的方法，可以有效减少特价处理对本品牌形象的伤害，但也会带来很多管理上的难度。毕竟是库存品、滞销品，改商标能不能销售出去也是个未知数。况且，消费者也会对该商标是否假冒存在嫌疑，对原品牌存在一定的冲击。

批发市场销售

一些老款相对滞销的款式就可以以较低的价格从批发市场流通出去，而专卖系统则维持比较稳定的价格，因为面对的是不同层次的消费人群，表面上看来似乎对品牌的影响比较小，但容易影响品牌的整体形象和价格体系，也容易引发商场和批发商之间的矛盾。

附带营销

这一方法可以刺激经销商多进货，当进货量达到一定数量时，是渠道奖励的比较有效的手段，但如果管理不当，经销商容易把特价品随意抛售，因而影响品牌形象，而且过多特价品的存在，又必然会影响经销商正价品的销售。

以上几点是解决服装库存的策略，企业应该结合自身的情况，有的放矢地处理库存问题。在制定库存销售计划时要考虑自己是否了解了这个市场、渠道，做到了因时因地制宜，既不会形成大量的库存积压而增加经营成本，又不至商品供不应求而脱销。

第四节　其他解决库存的方法

零售行业该如何来消化渠道库存呢？通常最实用的方法无非还是将库存一级一级地转移下去，然后通过终端进行大规模促销。但除此之外还有一些更好的办法值得推广。下面以服装行业为例，提供一些解决库存的办法。

淡季多种经营

宁可亏钱不可压货，这是服装淡季的一个销售原则。小店的运转资金主要是每月卖出去的钱，如果货被压住了，最多两个月就支撑不住了。甩货主要是为了保租金，挺过两三个月，坚持到旺季。

有的服装店为防止压货，还不到换季的时候就不再进当季货品了，精明的店主会在此时把服装店偷偷“变脸”，转向那些旺季产品。比如，会把以前做陪衬的一些皮包、小饰品等摆到显眼的位置，像耳环、项链、手链、脚链这些小饰物，以及设计可爱的卡通包、帆布包等，虽然赚的钱不多，但单个的利润还是很高，而且打眼的商品很容易吸引客流，有时候人一多还会忙不过来，淡季也就容易熬过去了。其实，只要稍微动动脑筋还是有适合的生意可做的。

库存商品交换广告

毫无疑问，投入广告肯定可以提升经营者的知名度。如果是专卖店做广告，很多时候还可以获得供应商一定程度的支持。而很多媒体是可以用货品来冲抵广告费的，这样做就有利于经营者将来的经营活动，属于用眼前的损失交换未来的收益。

很多广告公司会为了获取价格优势，常常买断一些媒体时段，然后再进行转手。但当有些时段没有及时转手出去时，广告公司为收回成本常常会同意企业用部分或全部产品来充抵广告费，而广告公司则可以获取产品作为公关礼品或者公司的福利产品来发放给员工。不仅仅是广告公司，一些媒体也愿意将一些多余的广告时段来换取实用的产品。

曾经有一位专卖店的店主跟所在城市的电视台谈成一笔广告交易，用 800 套保暖内衣冲抵一笔 8 万元的广告费（该保暖内衣市值 180 多元/套，但专卖店进货价格仅 60 元/套）。该电视台在年底开客户联谊会的时候，则将保暖衣作为礼品送给来参会的客户了。该店主不仅用库存换取了广告效益，而且还用 8 万元的发票向供应商申请到了 50% 的费用报销。该专卖店等于用一半的钱，却获得了 8 万元的广告回报，还及时清理了手中的库存。

熟人折扣

顾客可以通过熟人到公司内部购买折数很低的产品，这种折扣方式应该算得上比较独特。以往针对相对滞销的款式，主要的做法是换下原来的牌子，以较低的价格从批发市场流通出去。这样既可以使库存包袱甩得更快，又不至于影响品牌的整体形象和

价格体系。现在库存少，通过人情打折的方式也能解决不少的库存。

及时调货

另一个减少库存的秘诀就是及时与批发商联系换货。在进货时，坚持少量多款，并且给店里的导购定下规矩，只要新进的款式在3天内没有人询问，或者在5天内没有售出，便迅速返回批发商那里调换其他颜色或款式。目前服装批发市场的竞争非常激烈，批发商为了尽量多卖货，一般都允许调换同款的其他颜色或款式。对于那些不允许调换的批发商，尽量不去拿货。这种防止压货的方法不仅可以带来最大的现金流，也让店里新款层出不穷，吸引买家的目光。当然，这样做也有一个缺点，就是要时常看批发商的脸色，而且调货不能太过频繁。

大力发展团购业务

春节前夕，某羽绒服经销商通过关系拓展了三笔团购业务，共团购出库存羽绒服1200件，因出货价格比较低，除了各项公关投入，基本上也没有产生什么利润，但这1200件团购产品，却让他收回了10多万元的现金。

逢节假日，诸如保暖内衣、羊毛衫、羽绒服、西服、童装等产品都适合发展团购业务。因为服装是生活必需品，所以必然存在有团购市场。而团购能产生批量销售，对清理库存很有帮助。很多大的服装经销商在当地都拥有很好的人脉关系，可以充分利用这些关系开展团购业务。

寻找特殊的销售渠道

当现有的销售渠道不够用、无法消化库存的时候，我们可以考虑一下针对目标消费群体，看看是否还存在其他形式的销售渠道。

在南京的一个经销商手上曾经有1万余套名牌运动服的库存，经过业内人士的提醒，该经销商找到了一个方法。原来，南京有很多所大专院校，而大学生们显然是运动服的主要消费者群体，但很多学生因为经济问题买不起名牌运动服。该经销商联系上了10多所学校，以低于市场零售价格30%的价格将运动服卖给在校学生，同时每套给予相关体育负责人10%的提成。3个月后，他居然通过10多所大学处理了7000多套库存运动服。

典当行变成“急救站”

近些年，服装行业发展较快，中小服装企业的确在逐渐增多，但是库存给这些企业也带来了一定的资金压力。因此，对这些经营者来说，需要寻求一种较好的融资方法。同时，我们发现典当行也是要积极拓展业务的。因为双方的相互需求，使服装企业库存的服装走进了典当行。

主打时间差、地域差

由于时间的滞后性，库存服装在款式、面料上显得不再时髦，那它的市场在哪里呢？有这么一位经销商，从广东一些企业里拿货，原来100元/件的服装可以10元、15元拿到，再拿到云

南卖的时候，便可以卖到50元，在市面上仍然大受欢迎。而且他去进货时实行反季节策略，冬天进春夏服装，夏天进秋冬服装，这样，在价格上往往能占些优势。将库存服装收购回来后，就得用上多年积累的三种销售网络：一是凭借多年经营积攒下来的遍布各地的客户资源网；二是人际关系网，他10多年热心慈善事业、诚信的经营，早已为他赢得了良好的声誉；三是互联网。他还准备组建物流产品仓储中心、市场行销中心、互联网信息中心，目标是在当地发展集投资、收购、生产、营销为一体的服装企业。

捐　赠

不知什么时候，有企业家发明了这样的清库方法：每年将库存中没有办法再销售的产品捐给贫困地区，这样不用再将那些过时的服装费心思地去卖，又能博得有关部门的好评。这样的做法，有一点公关的意思。

借助网络

很多企业会创办一些专业的网站，从事库存的买卖，这就给企业清理库存带来了信息沟通的平台。

产品外销

中国的服装出口贸易越来越发达，经销商可以通过自己的人脉，寻找出口的途径，因为国外的消费者对于外来产品没有一定的分辨能力，这在一定程度上可以解决库存问题，也为拓展了一条国际化的销售渠道。

内部消化

所谓内部消化是指经销商可以将库存商品作为一种福利赠予自己的员工，或者其亲戚朋友如果经营服装可以优先考虑自己的产品，在价格上给予一定的优惠。

小帖士

淡季如何赢得更多的消费者

特卖场是解决库存的方式之一，很多企业由于各方面原因不肯专门花大力气来经营特卖场，因为他们担心新品和旧品混卖会影响新品销售，因而对特卖店的装修、管理、服务不加重视。

产品打折并不表示品牌也打折，特价店的店面装修应该同样讲究。有些特价店全部采用花车特卖的形式，进场给人的第一感觉是凌乱，陈设摆放毫无艺术性，这在一定程度上损害了品牌形象。不管是折价产品还是正价产品，摆在第一位的永远是品牌形象。品牌的健康发展会促进特价店的发展，而特价店也可以在一定程度上促进品牌的发展。

优质服务仍然是吸引消费者的最有用的武器。灿烂的微笑，和蔼的态度，往往可以促成买卖。某公司要求每位导购员必须开开心心来上班，并将快乐传递给顾客。顾客在导购员